Pour Danielle,
ces histoires vraies
du pays profond,
qui deroulent leur
farandole colorée...
En belle amitié
de [illegible]

3/05/05
Fuveau

Histoires des Cinq Saisons Provençales

Illustrations de couverture : André Aubert

Jean-Claude Rey

Histoires des Cinq Saisons Provençales

Illustrations :
Jean-Louis Laure

Temps Contés

Autres Temps

Du même auteur chez Autres Temps

- *Luberon, le Pays d'Aigues,* illustré par Raymond Rebuffel, 1994.
- *L'Humour libre en Luberon,* illustré par Jean-Louis Laure et André Sandel, 1992.
- *La Grande Peur de la Provence : le tremblement de terre du 11 juin 1909,* préface d'Haroun Tazieff, 1993.
- *Ça s'est passé en Provence (Faisons l'humour ensemble),* tome I, préface de Jean Contrucci, 1995.
- *Recettes et secrets des fermes-auberges provençales,* 1994.
- *Le Livre de la cigale,* illustré par Jean-Louis Laure, préfaces de Maurice Bertrand et Gérard Blua, 1995.
- *Ça s'est passé en Provence (Humour à l'ail et aux fines herbes),* tome II, 1996.
- *Érotisme et sexualité en Provence,* 1996.
- *Les mots de chez nous (étrangers aux « estrangié » de la Provence),* préface de Christiane Chadal, 1997.
- *Fan de chichourlo – Les mots de chez nous,* tome II, 1998.
- *Recettes et Secrets d'un authentique souper provençal,* préface de René Borricand, 1998.
- *Le Dessin politique moderne en Provence,* illustration de Gezou, 1999.
- *Ça s'est passé en Provence (Et tout ceci est vrai),* tome III, 1999.

- *Aubert A. et sa palette généreuse,* 1999.
- *Mes plus belles histoires de Noël en Provence,* illustré par Jean-Louis Laure, 1999.
- *Tout l'humour du Luberon,* illustré par Jean-Louis Laure, 2000.
- *Le Conteur et la Colombe,* illustré par Sabine Nourrit, 2000.
- *Tout l'humour de la Provence,* tome I, préface d'Yvan Audouard, illustré par Michel Liénard, 2001.
- *Fan de Luno – Les mots de chez nous,* tome III, 2001.
- *Tout l'humour de la Provence,* tome II, illustré par Jean-Louis Laure, 2002.
- *En backstage avec Johnny,* en collaboration avec Renaud Page, 2002.
- *Tout l'humour de la Provence,* tome III, illustré par Guy P. Dumont, 2003.
- *Brèves de conteur,* illustré par Jean-Louis Laure, 2004.

Quatre saisons pour tous, mais la cinquième est provençale

Il fut un temps lointain où la Provence bénéficiait de quatre saisons comme toutes les régions de France. Mais les Provençaux qui ne sont jamais satisfaits estimèrent qu'un aussi beau pays que le leur méritait davantage.

C'est pourquoi tous les habitants unirent leurs pensées dans un intense désir d'être plus favorisés que les autres. Ainsi naquit la cinquième saison provençale en même temps que la notion de provençalité.

Les Provençaux et la Provence avaient obtenu ce cadeau d'un ciel où vivaient encore des dieux multiples et proches de la retraite. Mais dans le même temps, ils avaient découvert un nouveau Dieu qui envoya les anciens aux oubliettes archéologiques.

Et c'est ce nouveau Dieu qui avait voulu discrètement faire plaisir aux gens de Provence en leur offrant leur cinquième saison ! On le disait Sauveur de l'Humanité et par lui, depuis plus de quinze siècles, les Provençaux jouissent donc d'une saison supplémentaire durant deux mois environ, soixante et un jours exactement pour réjouir le cœur des hommes.

Des milliards d'individus sur notre planète se moquent éperdument de cet avantage et ils ont tout à y perdre. Pensez donc : des gens qui ont cinq saisons par an vivent forcément plus longtemps que les autres !

Cette cinquième saison a rendu les Provençaux reconnaissants envers le Créateur. En son honneur, ils ont inventé des traditions, des rituels, des chants, des histoires qui ont leur place entre le 4 décembre et le 2 février, soit à cheval sur deux années consécutives pour que la liaison soit bien comprise et ne pas être pingres avec les journées dévolues à la naissance du nouveau Dieu. C'est tellement vrai qu'il n'y a qu'en Provence, où rien n'est fait à moitié, que Noël dure aussi longtemps !

Il fallait bien des conteurs pour le rappeler et Jean-Claude Rey les a réunis autour de lui pour cette anthologie où chacun est intervenu avec cœur et sincérité.

Le comité éditorial

Noël :
la cinquième saison

Il faut vous dire qu'en Provence, le temps de Noël débute au petit matin du quatre décembre, fête de Sainte-Barbe (devenue Barbara pour satisfaire à l'américanophilie).

Trois semaines vont s'écouler avant la naissance de l'Enfant-Dieu, et au cœur des familles où s'est maintenue la tradition, bien des choses rituelles vont se dérouler.

Le temps sacré ne s'achèvera qu'au soir du deux février et il faudra tout un gros livre pour détailler chacun des jours de cette saison particulière. Il se fera un jour...

Trois histoires illustrent Noël. Elles ont été choisies et font une large place aux témoignages révélateurs généreusement confiés par des amis et lecteurs du conteur.

Josette laisse éclater sa foi dans la tradition, ciment familial, et Fernande témoigne d'une époque déjà lointaine... 1916.

Qu'elles en soient remerciées.

Le Noël de Crève-Tambour

Le Noël de Crève-Tambour

Gustave, cantonnier, afficheur, fossoyeur, garde champêtre et tambour de ville, venait de sauver sa peau dans l'enfer de la Première Guerre mondiale et pouvait enfin remercier Dieu, dans l'église de Saint-Pierre-lès-Luberon, devant la crèche dont il avait rêvé durant quatre ans sans savoir s'il la reverrait un jour. Et c'était ce 24 décembre 1918 qu'il rendait grâce à Dieu pour tous ses bienfaits, pour son fils de quinze ans et pour son épouse qui avaient pu survivre dans son village avec l'entraide de tous ceux qui étaient moins touchés par la tourmente.

Gustave était heureux. Il priait et contemplait le peuple des santons venu rendre hommage au jésus de cire dans sa grotte de mousse verte et de cailloux blancs. Il regardait un à un chaque santon. Bergers, moutons, poissonnière, pêcheur, chasseur, rémouleur, scieur de long, meunier, paysans, et même le bandit d'opérette qui l'effrayait quand il était gamin. Il détaillait longuement ces personnages du village entourant la sainte Famille et découvrit des santons nouveaux venus, le facteur, le maire avec son écharpe tricolore… Et cela le fit sourire.

Mais peu à peu, son visage devint grave, triste... Il baissa la tête et pleura, avant de s'enfuir de l'église dès la fin de la cérémonie.

L'année suivante, malgré son envie, il ne revint pas à la messe de minuit. Et cela dura trois ans, jusqu'à sa rencontre avec le curé qui lui demanda :

– Et alors ? Gustave, tu boudes l'église maintenant ? Toi dont la famille a toujours été si chrétienne ? Te voilà devenu rouge ? Que se passe-t-il ?

– C'est grave, monsieur le Curé. À Noël 1918, j'ai bien vu ce qu'on pensait de moi dans la crèche. J'ai tout compris... Moi qui croyais être estimé dans le village où je suis si utile... J'ai bien vu que des gens m'en voulaient !

– Mais enfin, Gustave, tu déraillles ! De quoi parles-tu ? Tout le monde t'aime et t'estime, moi le premier... Que veux-tu dire ?

– Allez, va, monsieur le curé... Quoi que vous disiez, ça ne réparera pas l'affront.

– Quel affront ? Explique-toi.

– Eh, bé, dans la crèche, tout le village est présent... sauf moi !

– Comment ? Toi ? Ah oui... Tu veux dire qu'il n'y a pas de cantonnier ?

– Il n'y a pas de cantonnier, ni de tambour de ville, ni de garde champêtre, ni d'afficheur... Que vous le vouliez ou non, je n'y suis pas... Alors vous comprenez bien qu'un pareil affront, c'est long à digérer. Voilà... C'est tout !

– Mais mon bon Gustave, il n'y a pas d'intention malhonnête dans tout ça. On t'a oublié... Mais l'instituteur n'y est pas non plus.

– Normal... C'est un rouge ! Mais moi, c'est pas pareil.

Estomaqué par ces confidences, le vieux curé était songeur. Le saint homme se serait damné pour récupérer un paroissien! Il voulait revoir Gustave dans son église au Noël suivant. Il trouva les sous nécessaires et fit fabriquer un garde champêtre par un santonnier de la ville, ce qui lui permit, trois jours avant Noël 1921, d'aller rendre visite à Gustave pour l'inviter spécialement avec sa famille à la messe de Noël car une surprise l'attendrait.

« Je veux le voir votre tambour de ville. Et tout de suite », dit Gustave.

Soutane au vent, le prêtre alla vite chercher le santon tout neuf et Gustave put le contempler à loisir sur la table de sa cuisine : « C'est bien, dit-il, j'irai à la messe, mais c'est moi qui apporterai le santon. »

Il n'y avait rien à objecter. Et le bon curé retourna au presbytère pour s'affairer à la préparation de Noël et attendre la veillée du 24 décembre.

On allait s'en souvenir de cette veillée, à Saint-Pierre-lès-Luberon !

Dès dix heures du soir, le tambour se mit à battre. Gustave faisait son tour de ville et lançait son cri « Hosanna, un Sauveur nous est né... Il est à l'église... Tous à la messe ce soir... Hosanna ! Alléluia ! »

Durant une heure, Gustave battit sa caisse à coups redoublés et toute la population le suivait, de ruelle en carrefour, de sentier en placette, puis dans la montée de l'église où l'écho du tambour était impressionnant.

Et Gustave lançait ses « Hosanna in excelsis » de plus en plus fort. La foule lui répondait spontanément...

Le curé et les enfants de chœur attendaient sous le porche ce serpent humain de piété retrouvée. Toute la paroisse était là, même les rouges et les impotents...

Il leva les bras pour répondre « Deo gratias », et la foule s'engouffra derrière lui. Gustave faisait trembler les voûtes romanes et pleurait de joie en revoyant la crèche dont il s'était privé si longtemps.

Devant celle-ci, il posa son tambour au sol… et creva sa peau d'un coup de couteau ! Il y eut un grand cri d'étonnement, qui augmenta encore lorsque Gustave sortit de la caisse le santon garde champêtre. Un silence étonné suivit… Gustave posa le santon devant la sainte Famille et poussa un « Hosanna » final qui secoua les vitraux sacrés. C'est depuis qu'on dit en Provence que jamais messe de minuit ne fut si recueillie dans l'église de Saint-Pierre-lès-Luberon… Même si Gustave y gagna le surnom de « Crève-Tambour » !

Depuis quatre-vingts ans, le tambour crevé sert de tronc pour la générosité des paroissiens. Et avec tous les dons, la crèche de Saint-Pierre-lès-Luberon est devenue la plus belle de Provence. Allez donc visiter, et surtout n'oubliez pas votre obole dans le tambour crevé. Pensez que Gustave a l'œil sur vous. On dit même que pour une petite obole, le santon en argile du garde champêtre a le sourire, ce qui est sûrement exagéré. Mais ce qui est vrai en revanche, c'est que pour de très grosses oboles, le petit jésus en cire rose se met à applaudir.

Un « conte » de Noël

Lorsque j'étais enfant, je connaissais les traditions provençales, surtout religieuses, mes parents étant des immigrés italiens. Mais lorsque je me suis mariée, ces traditions m'ont émerveillée, tant par leur force que par leur signification et symbolisme.

Il est vrai que ma belle-famille vivait en Provence depuis six générations connues, et était très attachée à ces coutumes.

Je ne me souviens pas avoir manqué le « gros souper » une seule fois, même lorsque des événements dramatiques ont ébranlé notre famille. Cela nous a permis de nous unir plus étroitement et de nous soutenir dans des épreuves souvent insupportables.

C'étaient des préparatifs prévus quelques semaines à l'avance.

Cécile, la vieille servante de 90 ans, qui avait été employée à la ferme à l'âge de 16 ans, participant à tous les événements heureux et malheureux de la famille, et qui vivait avec nous, s'enfermait dans la cuisine pour faire le nougat avec le miel et les amandes que nous étions allés ramasser à la colline, sur les amandiers bordant les oliviers. Elle ne manquait pas de donner aux petits les chutes de papier azyme, qu'ils appelaient des hosties.

Ma belle-mère faisait des pompes à l'huile d'olive et aux graines d'anis dont la recette venait de son village natal : Solliès-Toucas, et Tante, qui vivait aussi avec nous, n'avait pas son pareil pour préparer la brandade de morue.

Et le 24 décembre arrivait.

Nous étions tous, grands-parents, parents, enfants, petits-enfants, oncle, tante, servante, autour de la table parée ce soir-là de trois nappes blanches, symbole de la Trinité, et décorée de trois chandelles. Nous mettions aussi des *sietou* (petites assiettes) de blé et de lentilles mis à germer le 4 décembre, jour de la Sainte-Barbe. Cette verdure serait le reste d'un très ancien culte d'Adonis, voulant rappeler à la nature que malgré sa mort apparente, elle doit revivre. C'est le présage de prospérité de la famille et des récoltes à venir.

Il y avait toujours un couvert de plus, pour le pauvre susceptible de se présenter pendant le dîner.

Avant de se mettre à table, il y avait le *cacho-fiò*, coutume voulant que la bûche d'arbre fruitier, arrosée de vin cuit, soit portée par le plus âgé et le plus jeune faisant trois fois le tour de la table en disant : « Allégresse, allégresse, allégresse ! »

Mon beau-père, lui, mettait dans la cheminée une grosse bûche de cerisier, en disant cette phrase, qui serre toujours mon cœur par sa signification :

Dieu nous fague la gràci de vèire l'an que vèn
E se noun sian pas mai
Que noun fuguen pas mens !
Dieu nous fasse la grâce de voir l'an qui vient
Et si nous ne sommes pas plus
Que nous ne soyons pas moins !

Nous buvions tous le vin cuit, préparé après les vendanges par Tonton, et nous attaquions le « gros souper ».

Quels moments privilégiés ! Des bouffées de bonheur me montent encore au cœur.

Le menu traditionnel, toujours maigre, comporte en principe sept plats, correspondant dit-on aux sept plaies sacrées.

Nous, nous avions pratiquement toujours au menu la brandade de morue, des cardons ou des épinards, et l'omelette d'artichauts.

Et venait ensuite ce que nous attendions tous, les treize desserts symbolisant le Christ et ses apôtres.

Les noix, noisettes, amandes et figues sèches, ou mendiants, ainsi dénommées par allusion à la couleur des vêtements des quatre ordres mendiants : les Carmes aux pieds nus, les Augustins, les Dominicains et les Franciscains, les dattes sur le noyau desquelles nous cherchions le « O » que poussa Jésus en voyant ce fruit, puis ensuite les oranges, les mandarines, dont l'écorce nous servait à faire des veilleuses pour la crèche, des pommes, des raisins, mis à sécher sur des branches d'olivier, le nougat noir de Cécile, le nougat blanc, la délicieuse pompe à l'huile qu'il ne faut pas couper avec un couteau sous peine d'être ruiné dans l'année, enfin des fruits confits, calissons et papillotes.

Ces gros soupers sont très gais, très chaleureux. Les conversations vont bon train, joyeuses. Nous prenons le temps, car il faut attendre minuit pour partir à la messe, en laissant les tout-petits qui se sont endormis en souriant à la venue imminente du père Noël.

Bien sûr, il y eut des gros soupers avec des absents très chers, les anciens sont partis chacun leur tour, grands-parents, Tonton, tante, Cécile, ma belle-mère, souvent remplacés par de nouvelles naissances, mais mon beau-père prononçait toujours la phrase traditionnelle :

A l'an que vèn – E se noun sian pas mai, que noun fuguen pas mens.

Il est mort le mois dernier... Sa petite-fille est née. Et si son fils parti avant lui n'est plus là pour mettre la bûche au feu en disant la phrase rituelle, je le ferai.

En partant il m'a passé le flambeau.

Ils ont su ancrer au plus profond de moi l'amour de ces traditions et je suis prête à les perpétuer comme ils me l'ont appris auprès de mes enfants et petits-enfants pour qu'ils puissent connaître, à leur tour, les joies, les souvenirs et les émotions intenses que procurent ces gros soupers.

Josette Caravin

La poupée de Noël

1916. J'avais six ans. Pendant cette période de guerre, les femmes restées seules se groupaient pour « tenir ».

C'est ainsi que je me trouvais à Villelaure chez ma tante Juliette Motte, épouse d'Auguste Motte, coiffeur à Villelaure, avec ses deux garçons, mes cousins, plus jeunes que moi. Notre grand-mère, Élisabeth Motte, m'accompagnait et de ce fait s'occupait de ses trois petits-enfants, pour permettre à sa belle-fille Julie de remplacer au salon de coiffure son mari mobilisé à Toulon. Julie s'occupait de « la rase » et confiait à un jeune apprenti de seize ans la coupe de cheveux.

Ma mère, Marguerite, restait à Marseille où elle travaillait, mon père étant au front.

En cette fin d'année, grand-mère et tante Julie nous avaient demandé de « faire la commande au père Noël ». Ceci se faisait oralement, devant la cheminée; les garçons avaient demandé chacun un chien et une brouette; moi, un chien et une poupée.

Pendant ces années de pénurie, les adultes s'ingéniaient autant que possible à satisfaire les souhaits pourtant bien modestes des enfants.

Tante Julie put trouver (Dieu sait comment !) une poupée... nue. Qu'il fallut habiller. Ce qu'elle fit, avec des « tombées » de tissus ; bien entendu en se cachant des enfants : elle travaillait la nuit pour cela, quand tout le monde – sauf elle – dormait.

Tout était prêt pour Noël. Au matin, émerveillement des enfants, fous de joie d'avoir été entendus par le père Noël qui comblait leurs vœux. Tout y était : les chiens en tissu, les brouettes en bois, la poupée merveilleusement habillée, que j'adorai tout de suite.

Après la fête, les semaines ont passé pendant que je dorlotais ma chère poupée, l'habillant, la déshabillant, inlassablement admirative de ses jolis vêtements et sous-vêtements.

Pour jouer, je demandai à ma tante Julie de me donner des morceaux de tissus qu'elle gardait au cas où...

« Monte dans ma chambre, me dit-elle, tu trouveras un petit placard dans le bas duquel il y a des morceaux de tissus. »

Ce que je fis. Dans le placard, des tissus. Dont celui de la jolie robe de ma poupée de Noël. À cet instant, le ciel m'est tombé sur la tête ! Quel choc ! Quelle déception ! Le cœur serré, j'ai compris alors que le père Noël n'existait pas.

Mais du fond de ma déception, et toute jeunette que j'étais, mon âme d'enfant pensa qu'il fallait taire cette découverte, car je comprenais que tante Julie serait malheureuse de ma déception, elle qui avait tant travaillé, et avec tant d'amour, pour faire plaisir à sa petite nièce chérie, afin qu'elle ait pour Noël la poupée de ses rêves, habillée comme elle (tricot, corset, culotte, combinaison, robe superbe). J'ai senti que je ne devais en parler à personne et j'ai gardé ce secret. J'avais six ans ! C'était en 1916...

La vie a passé, apportant d'autres déceptions. Mais celle-ci a été la plus grande, la plus forte, et je ne l'ai jamais oubliée. J'ai découvert ce jour-là quelle pouvait être toute la portée d'une supercherie dans un esprit d'enfant.

Fernande Prato

Printemps : la première saison

Avec son nom d'origine latine, le printemps est la première saison, celle qui prime, comme primevère (vue la première)...

De mars à juin, les semaines révèlent les mystères jusqu'à l'explosion solsticiale qui marque l'apogée de l'année solaire.

Et parmi ces mystères, ceux de la reproduction ! Ceux qui conduisent les hommes et les animaux à prévoir l'avenir de leur lignée.

Le plaisant rituel oublié de l'arbre phallique de mai y compte autant que la révérence faite à l'âne dionysiaque qui deviendra légendaire tout autant que le sorcier des abeilles.

Dans ce chapitre voisinent donc la petite histoire du quotidien et la vieille tradition perdue.

Chaque histoire épaule l'autre en symbiose et l'âne de Roquevaire, le plus modeste des animaux, démontre que le plus petit d'entre nous peut s'élever jusqu'à la gloire.

Le peuplier des accordailles

Laure
2003

Le peuplier des accordailles

Depuis 1720, sauf pendant les années de guerre, les jeunes mâles du village de Cucuron, au pied du Luberon, eurent à cœur d'honorer saint Tulle, patronne de la paroisse qui est réputée avoir préservé le village de la peste.

Ces jeunes hommes à marier offrent un peuplier verdissant à l'église du village un samedi du mois de mai. Il ne s'agit pas d'un arbre ordinaire ! Ce peuplier, cette *piboulo* comme on dit en Provence, est aussi haut que le clocher.

Et il faut surtout le porter à dos d'homme pendant plusieurs centaines de mètres entre le pied des remparts et le porche de l'église devant lequel il sera dressé, menhir végétal venu du fond des âges !

C'est un spectacle très suivi par la foule, car les manœuvres sont délicates dans les rues étroites et médiévales de Cucuron.

Fine ne manque jamais l'événement. Depuis 1921, il n'y a plus qu'elle qui sache les choses qui ne se disent pas mais sont transmises entre femmes bien enracinées dans la tradition. Cette année, son arrière-petite-fille a tressé son ruban rouge pour ceinturer sa robe claire. Fine avait fait de même en 1921.

Magali attend la grande piboule et ses porteurs musclés, transpirant le vin de leur banquet. Quarante gaillards de vingt ans, fiers de leurs muscles et de leur exploit. Ils sont loin des pensées sacrées mythologiques qui présidaient trente siècles plus tôt à un semblable transport d'ex-voto. Dans le paganisme ligure, avant que les Romains n'imposent leurs dieux, la piboule de mai était le symbole phallique du printemps revenu. L'arbre qui présidait aux accordailles où se cueillaient les primevères virginales. Fine savait cela. Cent générations de femmes avaient su transmettre le geste nécessaire à l'aïeule.

En 1921, elle avait tressé son ruban rouge. Et quand le cortège de la piboule, ahanant, braillant, soufflant fut à sa hauteur, elle repéra le bel Antoine en plein effort. Elle s'élança, dénoua sa ceinture, en fit un cercle autour du tronc de l'arbre, liant contre l'écorce un des bras de l'élu de son cœur...

Les parfums du genêt qui décorait le tronc lui revenaient en mémoire à l'instant même où le cortège arrivait à la hauteur de Magali. Une belle plante, cette gamine ! Quatre soupirants à départager. Dont un beaucoup trop timide pour lui dire que le printemps nouveau serait décisif ! Brave garçon, brun comme un Sarrasin du temps de Charlemagne, des yeux plus bleus qu'un ciel venté de mistral, un corps d'athlète pour cacher son cœur de miel...

C'était Frédéric, le fils de la Grande Bastide, sain comme le sel, droit comme une piboule, bon comme le pain. C'était l'élu qui, en plein effort, vit passer devant ses yeux piqués de sueur les éclairs rouges d'un ruban prestement noué autour de son bras et du tronc. Et entendit Magali lui dire :

« C'est de la part de Fine ! »

Frédéric eut un sourire gauche et suivit la fuite dansante de Magali dans la foule des spectateurs...

C'est après la cérémonie que Fine l'aborda : « Dis, petit, accompagne mes vieilles jambes jusqu'à ma porte... »

Il découvrit le sens du message pudique au pas lent de Fine qui faisait son devoir de transmission...

Que ce mois de mai fut beau pour Frédéric et Magali !

Ils se marièrent au début septembre, juste avant les vendanges. Au soir des noces, Magali, ivre de fatigue et de bonheur, blottie contre le corps musclé de son Frédéric murmurait doucement comme, avant elle, des millions d'autres femmes provençales : « Ma piboule d'amour... Ma jolie piboule d'amour... Ma piboule bien à moi... Je t'aime... »

Et dans sa timidité pudique, Frédéric se contentait, lui, de regarder le ruban rouge sang noué à son poignet.

Il se leva, chercha son Opinel, coupa le ruban en deux parts égales et fit un bracelet pour sa femme et un pour lui...

Si un jour, vous venez à Cucuron, vous rencontrerez peut-être un « jeune couple » regarder la parade de la piboule dans les rues étroites un soir du mois de mai.

Ils ont gardé leurs étranges bracelets rouges. Et plus personne ne sait pourquoi ils parlent d'alliances en regardant leurs poignets.

Un champion national à Roquevaire

« Je m'appelle Justin de la Farge, je suis un âne de noble lignée ; Bernadette est ma mère, Édouard mon père. Je rentre du Salon 2004 de l'Agriculture de Paris où j'ai participé à un concours général agricole.

Comme les médias n'ont parlé que de vaches à gros pis, chèvres à grandes cornes, cochons bien lardés et grands chevaux de trait, j'ai décidé de vous raconter mon histoire.

Je réside à Roquevaire chez Gigi Blanc et Patrick Vanacker. J'ai pour compagnons Pompom, Athos son fils, Édouard et Benjamin. La couche est confortable, les soins et repas excellents.

Il y a quelques mois, mon patron, alors que je broutais tranquillement, est venu me demander si je voulais aller à Paris. J'ai un peu traîné du sabot car je gardais un très mauvais souvenir du Salon du Cheval. J'ai accepté à une condition : ne pas être seul ! Benjamin a bien voulu faire partie de l'expédition. Il connaît bien Paris. Mais quel cabotin ! Il avait toujours la tête hors du box pour grappiller du gâteau. À notre retour, il n'avait plus de poils sur la tête à force d'être caressé.

À Paris, nous avons trouvé une petite résidence au milieu d'un manège. Patrick et Maurice ont dû monter le stand pour les ânes de Provence. L'après-midi j'ai vu défiler tous mes copains du Berry, Cotentin, Poitou, du Bourbonnais et des Pyrénées.

La première nuit s'est passée dans un concert de chants plus ou moins harmonieux. Le lendemain, moi qui croyais être là pour qu'on me caresse et m'admire, j'ai déchanté. Patrick et Gigi m'ont demandé si je voulais bien participer au Trophée national de l'âne pour le concours général agricole. Je devais me mesurer aux six autres races de copains. Maurice a su me convaincre, une carotte à la main.

Me voilà parti pour la première épreuve, « la tradition » : on m'attache à une charrette remplie de vieilles casseroles et bouteilles de vin. Gigi habillée en paysanne y monte ; Patrick aux commandes est vêtu d'un costume d'époque ; pour ouvrir la marche, ce cabotin de Benjamin. Les autres copains avaient fait ce qu'ils pouvaient. N'empêche que c'est moi qui ai gagné le premier prix. Gigi très fière envoyait des baisers à la foule qui applaudissait.

J'ai cru avoir fini, pas du tout. Nouvelle épreuve : « la ruralité ». On m'attache un traîneau sur lequel un tortionnaire avait placé 200 kg : j'ai tiré à la vitesse de l'éclair. Ensuite on remplace le traîneau par une charrue ; le chemin était étroit, la charrue, c'est pas ma spécialité. J'ai fait ce que j'ai pu mais j'ai dû arracher autant de ceps de vigne dans notre champ que dans celui du voisin. Patrick était blanc comme un linge. Puis vint l'épreuve du tombereau. On aurait dit que j'avais fait ça toute ma vie. Reculer, avancer : je les ai tous cloués sur place. Et un premier prix pour la ruralité !

Je croyais être enfin libre, pas du tout. Patrick m'a mis un bât sur le dos avec une charge et nous revoilà repartis : passage du pont, à gué, slalom entre les quilles, entrée dans un buisson où un guignol a soufflé dans un cor de chasse pour me faire peur... et encore un premier prix !

Je pensais en moi-même : tous les cadichons, les ânes volants et le fameux âne de Buridan peuvent aller se rhabiller.

Maintenant que vous me connaissez un peu mieux, si vous voulez un autographe et voir ma moisson de récompenses, venez me voir à Roquevaire, chez Patrick Vanacker et Gigi.

Justin de la Farge

Les sorciers des abeilles

Je n'irai pas jusqu'à dire que tous les apiculteurs sont des gens passionnés, mais je peux affirmer que la plupart des gens qui se passionnent pour les abeilles sont un peu sorciers, même s'ils ne sont pas des apiculteurs professionnels.

Mon ami Scipion « le berger d'abeilles » l'a dit bien avant moi à sa façon. Les abeilles enseignent l'homme et sont sa meilleure alliée dans tous les domaines.

La pollinisation des cultures, ce qui implique la nourriture de l'humanité et pas seulement par le miel, ne pourrait se faire sans les abeilles.

Elles ont inventé le sucre, la climatisation, la nourriture concentrée et les antibiotiques... On les compare parfois aux hommes dans la littérature ancienne.

Les auteurs de ce temps-là ne croyaient pas qu'un jour viendrait où l'on saurait qu'à une hormone près, l'abeille est à l'image de l'homme.

Michel Bounias, Vauclusien du Luberon, est un biochimiste, lauréat de l'académie des Sciences pour ses travaux sur l'abeille.

C'est lui qui a mis en évidence la parenté génétique entre l'homme et les abeilles tout en découvrant la solution pour lutter contre le varoas, terrible parasite des ruches.

À ce dernier titre, je le considère comme un bienfaiteur de l'humanité.

Je sais que son procédé n'est pas du goût des consortiums chimiques, car c'est une technique trop simple et peu onéreuse. La chimie médicamenteuse nécessite de gros investissements qu'il faut amortir, et le traitement de Michel Bounias en devient un peu occulté pour raison de *cash-flow* !

Jusqu'au jour où la super-multinationale des ruchers viendra piquer les fesses des administrateurs à jetons de présence !

Si je pousse un cocorico pour le chercheur vauclusien abeillophile en le qualifiant de sorcier, c'est aussi en mémoire d'autres cocoricos que j'aurais dû pousser pour l'ami Kléber Constantin, l'homme à la barbe d'abeilles qui rejoignit sa terre natale en 1986, dans un jour de printemps sur le plateau d'Albion, à deux pas des fusées.

Kléber était l'homme Protée du village. Tout Saint-Christol a pleuré son conteur et artiste. Il était peintre, céramiste, sérigraphiste, musicien, illusionniste et surtout apiculteur. Lui simple paysan était titulaire des Palmes académiques, du Mérite Agricole, et pouvait montrer des dizaines de médailles d'or butinées par son miel dans le monde entier.

Cet homme simple était un pur.

On le connaissait surtout comme l'homme à la barbe d'abeilles. Sa photographie avait été publiée dans les journaux du monde entier, avec cette fameuse barbe constituée par des milliers d'abeilles en essaim groupé autour de la reine pondeuse, tenue par Kléber sur sa pomme d'Adam.

De plus cet homme fut le véritable promoteur de la célèbre gelée royale, dont il révéla les propriétés médicinales.

Il a rejoint sa terre natale au moment où les abeilles s'éveillaient de leur sommeil hivernal. Elles l'accompagnèrent jusqu'aux fleurs du cimetière, abandonnant pour lui leurs alvéoles bénéfiques.

Non loin de là, dans leurs cavernes alvéolaires, les missiles baissaient eux aussi leurs têtes électroniques.

Leurs cerveaux maléfiques sont calqués sur celui des abeilles.

Quel Ésope écrira la fable des fleurs, des missiles à champignons et des abeilles à miel autour de l'homme de Saint-Christol d'Albion ?

Des hommes comme ces sorciers-là, Bounias et Constantin, sont en phase directe sur la vie quotidienne, sur la nature et ses mystères.

Ils ont vécu ou vivent ici en Provence pour leur quête du Graal : le lieu où la philosophie de la science rejoint la nécessité de la matière.

« C'est un point vital pour l'homme » m'a dit Michel Bounias, en retournant faire une « prise de sang » à une abeille…

Ce qui n'est pas à la portée de tout le monde, même sans gants de boxe !

L'été : la deuxième saison

Saison joyeuse, dit-on, l'été ne manque pas d'intérêt, entre canicule et petites folies. Les longues journées, les heures festives et les montées d'hormones y sont souvent pour beaucoup.

Dans les temps lointains, l'été restait avant tout la saison des récoltes, dont les épuisantes moissons sous le soleil. De nos jours, c'est avant tout le temps des vacances qui est mis en valeur.

Jouons donc avec d'abord un mystère éclairci à propos du seul chien admis au paradis, ensuite un mystère linguistique qui sera une révélation, même pour les Provençaux…

Enfin, en direct de l'actualité, comment éviter d'évoquer un phénomène de masse médiatique avec l'humour pratiqué par un journaliste ami, Jean-Louis Pradelle.

Trois histoires ludiques et détendues pour la montagne ou la plage, à relire l'hiver.

Le seul petit chien admis au paradis

Le seul petit chien admis au paradis

Les enfants provençaux n'ont pas attendu Alphonse Daudet pour savoir que les étoiles se mariaient. Ainsi la belle Maguelone (Vénus) est-elle poursuivie pendant sept ans par Pierre de Provence (Saturne) avant de se marier dans une conjonction stellaire.

Mais bien peu d'entre eux savent qu'au début des grosses chaleurs estivales, un petit chien jappe dans le ciel pendant cinq semaines. Ce sont les Égyptiens qui ont baptisé voici plusieurs milliers d'années une petite étoile de la constellation du Grand Chien qui leur sembla être une envoyée du ciel... Cette étoile, le « Petit Chien » des sujets du Pharaon, avait l'extrême amabilité d'apparaître dans l'horizon du ciel une semaine avant que les crues du Nil n'aient la bonté de venir féconder de leurs limons les terres des pauvres paysans. Autant dire que l'étoile du « Petit Chien » annonçait la bonne nouvelle comme seul un dieu ou une déesse pouvait le faire.

Mieux encore, cette étoile disparaissait du ciel nocturne quand les crues se terminaient !

De sorte que ces divers événements conjugués firent révérer cette étrange étoile.

Lorsque les Romains vinrent conquérir l'Égypte, voici à peine deux millénaires, ils s'intéressèrent au phénomène, et en bonne logique latine donnèrent un nouveau nom au petit chien qui se nomma désormais *Canis Culus*, ce qui donna plus tard le mot caniculaire appliqué à la période la plus chaude de l'été !

Mais la carrière du petit chien égyptien devenu le *Canis Culus* des Latins ne s'arrêta pas en chemin, car l'église chrétienne naissante adopta le vocable qui est ainsi parvenu jusqu'à nous.

En outre, lorsque le calendrier moderne prit naissance, l'église donna à chaque jour une fête religieuse de saint ou de sainte… C'est ainsi que la période du petit chien fut dotée de trois grands auréolés. On les retrouve encore sur les vieux calendriers…

Saint Christophe est fêté le 24 juillet, saint Dominique le 8 août et saint Roch le 16 août. Ces trois saints sont placés sous le signe du petit chien et ce n'est pas sans raison… Les bergers de Provence savent pourquoi !

D'abord, le fameux Christophe (le Cristo-Phoros, le porteur de Christ) ne doit son nom qu'à un événement légendaire : au départ, cet homme était un géant à tête de chien. Il n'avait pas de nom. Son gagne-pain était de faire traverser un fleuve en portant les voyageurs sur ses épaules pour leur éviter les dangers de l'eau.

Mais ce passeur de fleuve avait un défaut. Il dévorait à l'occasion les enfants dodus. Jusqu'au jour où un de ces enfants qu'il envisageait de manger pour son souper, devint si lourd sur ses épaules qu'il ne comprit plus rien à ce qui se passait.

Apparemment, le gamin qui à vue d'œil ne faisait pas plus de 15 kilos, lui paraissait peser une tonne... C'était miraculeux !

L'enfant était le Christ, qui se manifestait pour donner une leçon au géant à tête de chien. Celui-ci promit de ne plus manger les enfants, retrouva figure humaine, devint chrétien puis saint protecteur des voyageurs.

Saint Dominique, grand convertisseur du sud-ouest de la France, doit sa présence au temps caniculaire à son nom très curieux : pour le clergé qui parlait latin, Dominique se traduit par « chien de garde du Seigneur »... Ce nom lui allait très bien, car il savait mordre les hérétiques et même en faire des fagots pour les bûchers de l'Inquisition.

Reste saint Roch, natif du Languedoc, devenu médecin à Montpellier, qui se révéla grand secouriste des pestiférés italiens... Il se dévoua tellement au service des malades qu'il fut lui-même contaminé.

Pour se soigner, il se réfugia dans un bois épais, où coulait une source qui calmait sa fièvre. Il se cacha pendant plusieurs semaines et ne se nourrissait que de racines, mais aussi d'un peu de pain que lui apportait le petit chien d'une ferme voisine.

La légende des bergers raconte que ce petit chien voleur de pain fut pardonné par le Ciel car il avait sauvé un grand saint. On dit même que le chien de saint Roch est le seul animal qui fut accepté au paradis des justes... C'est là un grand honneur pour un petit chien. Il en fut très fier, mais à peine plus que d'être devenu indispensable à la langue française... Car le petit chien de saint Roch est devenu en Provence d'abord, puis en France, le très fameux « roquet »... Qui aboie bien fort lorsque la caravane des jours caniculaire regagne sa constellation !

Le mystère de l'amour chez les pistachiers

On sait bien en Provence qu'un pistachier est une sorte d'amandier qui produit des pistaches. À ne pas confondre avec les pistaches de terre, qui sont les arachides ou cacahuètes.

On sait aussi qu'un *pistachié* en langue provençale est un homme très amateur de dames, de gaudriole, de débauche et autres coquineries.

Mais aucun Provençal ne connaît le rapport entre l'arbre à pistaches et le cavaleur impénitent.

Le grand Frédéric Mistral s'est bien gardé de l'expliquer, même si la légende du poète considère le grand homme comme un vert-galant de haute race.

En 1886, à l'achèvement de son dictionnaire ethnologique *Le Trésor du félibrige*, il mit un point final sans rien dire de l'origine du mot « pistachié » qu'il définissait pourtant, alors que ce mot est connu de tous les Provençaux qui s'en servent facilement.

Mon arrière-grand-père connaissait un peu l'histoire de ce mot. J'ai eu la chance d'avoir la mémoire assez affûtée pour me souvenir de l'essentiel, car en cueillant les pistaches des trois arbres du jardin, il me racontait à sa façon pourquoi on est « pistachié » en Provence, et cela en prenant son temps. Et c'est parce qu'il est mort trop tôt, avant d'avoir fini son récit, que j'ai eu besoin des lumières scientifiques des chercheurs en botanique de l'Harmas de Jean-Henri Fabre à Sérignan du Comtat.

Voici donc la belle histoire de ce mot…

Le pistachier originaire d'Asie, aux amandes appréciées, fut introduit en Italie vers le IIe siècle de l'ère chrétienne, et de là colporté alentour la Méditerranée. Il est toujours cultivé en Turquie et au Moyen-Orient mais ne l'est plus guère en Provence, son pays d'acclimatation idéal. On trouve cependant des pistachiers dans des jardins privés, où ils sont une curiosité plus qu'une culture.

Ainsi, au Jardin des Plantes de Paris, non loin de la fosse aux ours et au début du « Jardin alpin », survit un des pistachiers semés vers 1700 !

Un écriteau rappelle que c'est avec cet arbre que Sébastien Vaillant, dans la première décennie du XVIIIe siècle, mit en évidence la sexualité chez les végétaux et expliqua la fécondation florale !

Cela se passait en 1717, en un temps où les filles et femmes n'étaient pas toujours certaines que le coït soit indispensable à la procréation, puisque le Saint-Esprit était toujours réputé avoir de son ombre « couvert » la Vierge. Molière écrivit aussi que les enfants se faisaient par l'oreille… Mais on ne savait rien des ovules, spermatozoïdes et autres petites choses bien utiles à connaître de nos jours.

Donc, on « faisait la chose », mais sans savoir comment cela se passait.

Dans le monde savant, un médecin de Montpellier, Pierre Magnol, dont le nom est porté par le magnolia, était plus curieux que ses confrères du XVIIe siècle. Il utilisa sans doute un des premiers microscopes, inventé vers 1650, pour observer les fleurs. Ceux-ci grossissaient jusqu'à 100 fois l'objet observé. C'est ce bon docteur Magnol (1638-1715) qui observa en France, le premier, ce qu'il appela des « animalcules ».

Il n'avait sans doute pas observé que des fleurs car « l'animalculisme » s'érigea en système. On y supposait que les animalcules spermatiques seuls produisaient l'embryon animal... Autrement dit que seul le mâle détenait le pouvoir de la reproduction.

Puis un nouveau système de réflexion se fit le jour : l'animalculovisme !

Là on y supposait que le concours des animalcules spermatiques et de l'œuf de la femelle produisait l'embryon animal !

C'était à l'époque où Joseph Pitton de Tournefort, né à Aix en 1656, était la « star » des botanistes. Les Aixois lui ont donné une rue qui tourne et le bon peuple croit que c'est sa sinuosité qui l'a ainsi fait baptiser, entre le haut du cours Mirabeau et la rue Thiers, « rue de Tournefort ».

Monsieur de Tournefort était le grand professeur de botanique du Jardin des Plantes avant de mourir en 1708, mais préférait herboriser. Il laissa une belle *Méthode pour connaître les plantes*, mais ne s'intéressait pas aux animalcules et autres fariboles.

Un de ses élèves, Sébastien Vaillant, lui succéda comme directeur du Jardin des Plantes et construisit la première serre chaude en 1714. Il fut élu en 1716 à l'académie des Sciences et publia en 1717 son célèbre *Discours sur la structure des fleurs, leurs différences, et la structure de leurs parties.*

Ses travaux avaient eu pour sujets les pistachiers de son Jardin des Plantes, et il découvrit que les étamines (mâle) fécondaient les ovules du pistil (femelle) ! Mais d'une façon particulière chez le pistachier, dont certains arbres ne portent que des fleurs mâles et d'autres des fleurs femelles.

Dans ce monde-là, disait-on à l'Académie française où monsieur Campenon écrivait ses poésies publiées en 1823, « si les époux, Étamine et Pistil, demeurent ensemble, l'aurore, à son lever, donne le signal de l'hymen : les étamines se dressent, le pistil s'entrouvre, la vapeur séminale s'exhale et va pénétrer à travers les canaux de la trompe jusqu'au fond du réceptacle où les ovules attendent. »

Cet hymen poétique reste toujours valable pour les plantes aux fleurs « monoïques » dont chacune contient soit le pistil, soit les étamines sur le même arbre.

Mais monsieur Vaillant avait déterminé que les pistachiers ne sont pas dans ce cas. Leurs fleurs ne sont pas hermaphrodites, et fleurs mâles et femelles fleurissent sur des arbres différents. Il baptisera ces fleurs « dioïques » et expliquera la fécondation par l'action des insectes allant d'un arbre à l'autre, et généralement du mâle vers la femelle.

Désormais, tout le monde apprit dans les salons où l'on cause comment les fleurs se reproduisaient.

On sut que l'organe femelle des végétaux consiste en un tuyau creux situé au centre de la fleur et qu'il est destiné à recevoir le pollen des étamines pour opérer la fécondation.

On apprit également que le pistil se compose d'une partie renflée à la base nommée ovaire, d'un prolongement supérieur de l'ovaire beaucoup plus étroit que lui, souvent mince comme un fil, et enfin d'une partie nommée stigmate, enduite d'une liqueur visqueuse qu'il sécrète et qui jouit un instant de la propriété d'absorber les liquides !

On savait désormais l'essentiel sur les fleurs, mais toujours peu de chose sur l'homme. Le fantasme démarra dans les salons parisiens et dans le petit peuple, bourgeois ou non, qui allait rendre visite aux pistachiers du Jardin des Plantes « pour voir comment cela se passait »...

Les découvertes de Sébastien Vaillant excitaient l'imagination et les conversations autour du pistachier si intrigant. On ne faisait pas trop confiance aux insectes pour transporter le pollen... Et pour dire vrai, certains affirmaient que chaque nuit propice, de « galants animalcules » descendaient de leur arbre mâle pour aller courtiser les dames de l'arbre voisin...

C'est ainsi que s'établit la réputation du pistachier, à Paris d'abord et dans les provinces ensuite.

En Provence, le mot « pistachié », digéré par la langue locale, a continué son bonhomme de chemin, avec une connotation sexuelle assez négative pour ne pas déplaire au pouvoir et à l'Église. Mais ce mot s'est maintenu dans le langage provençal, n'en déplaise aux grenouilles de bénitier qui en 1868 firent interdire les cours de sciences naturelles donnés par Jean-Henri Fabre aux jeunes filles... Pensez donc, dans la capitale provençale des papes, il osait parler de la reproduction chez les fleurs ! Le poète des insectes, félibre des tavans pour son ami Mistral, était devenu un corrupteur satanique... Quel pistachié !

À l'affût des coquets et des cocottes 2004

Les célébrités, tout est relatif on vous l'accorde, ont donc pris leurs quartiers dans un coin paumé de la campagne visannaise qui pourrait bien devenir, au fil des jours, un lieu de pèlerinage pour les dévots de la nouvelle émission *people*, désormais quasi quotidienne, de la Une. D'ailleurs, avec ce long week-end pascal, cela a déjà commencé. Avec près de 8, 5 millions de téléspectateurs rivés à leur poste le samedi soir, l'Audimat promet, il est vrai, de plaisantes retombées au fil des semaines à venir, médiatiques et économiques, pour le petit village de l'enclave des papes, sonnantes et trébuchantes pour les grands prêtres de TF1 soucieux de faire fructifier le denier du culte cathodique.

Arrivés en pleine nuit à la ferme après un vol groupé sans histoire, un dimanche de Pâques où l'on célèbre traditionnellement le retour des cloches, les quatorze paysans-séminaristes avaient troqué robes longues et costards de grands couturiers contre des pantalons de toile, plus adaptés pour se fondre dans un univers de pacotille qui les a néanmoins brutalement ramenés à la (télé) réalité. Certes, ne perdons pas de vue qu'il ne s'agit que de divertissement pour les uns et de *business* lucratif pour les autres. Il n'empêche que pendant que la revue de bétail commençait, et même si elles ont sans doute connu pis, ces personnalités très *Voici* ou *Gala*, davantage préparées à affronter le choc des photos que le poids des meuh, redoutaient les « versions latrines » auxquelles elles devront maintenant s'astreindre là-bas, dans une cabane « au fond du jardin ». Bref, pendant que tout ce bio-monde à la laine fraîche prenait ses marques, que le commerce local, loin des odeurs de la bergerie, priait tout de même pour que se fassent rapidement sentir des effets bénéfiques sur son terroir-caisse, des grappes de curieux se formaient au fil des heures sur la route de Richerenches pour tenter de s'approcher le plus près possible du site, en dépit d'une escouade de vigiles, polis, mais dont le sens de l'humour dans ce cas-là, reste très relatif.

Tout a été prévu en effet, y compris un mirador hérissé de puissants projecteurs, pour empêcher les importuns de troubler, de jour comme de nuit, la quiétude des stars du petit écrin (de verdure) qualifiés, par une Geneviève de Fontenay vacharde mais que l'on avait souvent connue moins bien inspirée, de « paysans d'opérette » ; accès verrouillés par des gardes en uniforme ou en civil, talkie-walkie en main, prêts à fondre sur les petits malins qui auraient réussi à se faufiler à travers bois pour se planter face à l'entrée de la ferme, à une vingtaine de mètres des bâtiments bien protégés cependant des regards indiscrets. Même à aussi courte distance, l'effet est saisissant. Le travail des décorateurs force le respect. « Ce qu'ils ont réussi à faire en quelques semaines est remarquable, avait prévenu Brigitte, serveuse au Café du Siècle. Chapeau ! »

Depuis dimanche, la notoriété de Visan a fait un bond considérable : « On parle même de nous à la météo », lâche encore Brigitte en riant de bon cœur. Ce que confirme Jacques Pillon, de l'hôtel-restaurant du Midi : « Hier, au moins cinquante personnes ont passé la tête pour nous demander où se trouvait la ferme, on en a un peu marre ! Son épouse, Jeanine, tempère : « il faut s'y faire, on ne peut pas tout avoir, la renommée et la tranquillité. Rien qu'aujourd'hui à midi, trois couples d'Ardéchois sont venus déjeuner avant d'aller faire un tour à la ferme. Pour voir ! Pourvu que ça dure ! »

Il est à peine 15 heures en ce lundi de Pâques. Sur la route de Richerenches, dans les chemins de terre, s'agglutinent les voitures n'importe comment. Stoïque derrière la barrière, le gardien répond pour la énième fois, sans s'énerver, aux mêmes questions. « Non, vous ne pouvez pas passer. Non, je ne sais pas si vous verrez quelque chose en faisant le tour... »

Chacun tente sa chance.

« En contournant le petit bois, je te dis qu'on verra mieux », lance un mari, pressé, à sa moitié qui suit difficilement la cadence le long de la vigne, handicapée par ses talons hauts. Dominique et Pascale, d'Aubenas, ont profité d'une visite à de la famille proche d'ici pour faire un détour par Visan. Avec leurs filles Julie et Pauline, ils se sont faufilés entre les chênes verts. De là, par-dessus un tas de rondins, on aperçoit distinctement Mouss Diouf au côté de la chanteuse Ève Angeli tandis qu'Èva, en tee-shirt noir, traverse furtivement la cour... Sympa, le grand Black répond d'un geste de la main aux fans qui l'interpellent. Les appareils photos, les caméras ne chôment pas. Dix minutes plus tard, les vigiles qui redoutent de ne plus pouvoir canaliser le public, de plus en plus nombreux, déboulent : « Vous allez devoir repartir de ce côté, merci. » Le groupe s'exécute, mais d'autres fourmis arrivent en file indienne par le sentier, dont une dizaine de motards d'Annonay, casque en main, qui avaient programmé une petite halte dans leur randonnée vauclusienne. Ça va être simple à gérer jusqu'à ce soir.

Cindy, quatre ans, tarabuste sa mère. Elle veut à tout prix « voir les filles » et son grand frère Tony, le seul qui l'intéresse « c'est Mous ». Albert, lui, s'éponge. Il a déjà chaud. Pas fou, ce quinquagénaire montilien a prévu de faire ensuite un tour par la cave des Coteaux pour goûter le côtes-du-rhône village.

À Visan, c'est bien connu, chassez le naturel, il revient au goulot !

Jean-Louis Pradelle

L’automne : la troisième saison

Dès l’équinoxe de septembre, l’automne arrive avec son cortège rituel dont le temps des vendanges, aux mystères ancrés dans une religion dionysiaque. C’est tellement vrai que le saint Denis des chrétiens est remplacé en Provence, non par le Dionysos grec, mais par un très hypothétique *san Bacchi*, bel avatar de Bacchus.

La vendange est de source religieuse et l’importance du vin n’est plus à démontrer dans toutes les religions.

Religieuse aussi reste la lutte à mort, au cœur des arènes, entre deux hommes.

Pas de haine entre eux. Seul le sacrifice pour un patron – Dieu était en compte !

Religieuse aussi l’histoire qui achève ce cycle automnal, qui conduit vers le souvenir des disparus dans un incroyable scénario !

Laure
2003

La Cuvée du Sorcier

Il fallait bien reconnaître que depuis cinq ans, la Cuvée du Sorcier faisait la fortune de la cave coopérative des Coteaux de César. C'était un fameux rouge issu des pentes ensoleillées de la colline des Romains, bien connue pour supporter les restes d'un camp retranché du conquérant des Gaules.

Les vignerons du village étaient certes plus intéressés par leurs vignes que par l'archéologie, mais ne négligeaient pas pour autant le souvenir puisqu'ils avaient placé leurs coteaux sous le signe de César !

Vingt ans plus tôt, ils avaient même lancé une « Cuvée impériale », mais celle-ci avait beaucoup moins de succès que la « Cuvée du Sorcier ».

Il est vrai que Ludovic-le-sorcier avait marqué les mémoires.

D'abord parce que c'était le seul ancien combattant de la Première Guerre mondiale qui ne participait pas aux commémorations du 11 Novembre. Ensuite parce qu'il n'avait jamais voulu adhérer à la cave coopérative, enfin parce que de mémoire de vigneron, le vin de Ludovic était toujours le meilleur.

Lorsqu'il était rentré épuisé de la guerre, Ludovic était allé voir ses cinq hectares de vignes plus ou moins bien traitées par des vignerons de substitution, des trop jeunes pour les tranchées, des veuves, des femmes peu capables dont sa Germaine qui fut bien aise de retrouver son homme et de passer la main à son vigneron retrouvé.

Ludovic suivait la tradition des anciens... Taille en mars, fumier abondant, un peu de soufre. Pressage rustique dans la cuve de sa ferme, fermentation naturelle, soutirage au plus tard le 10 novembre, veille de Saint-Martin. Son père lui avait si souvent répété qu'un bon vigneron doit boucher ses tonneaux pour la Saint-Martin, après avoir goûté son vin de l'année, qu'il ne pouvait pas sacrifier ce jour si particulier à une quelconque commémoration, même d'armistice solennel ! Par conséquent, Ludovic le vigneron avait effacé la guerre mondiale de sa mémoire. Pour lui le onze novembre, c'était d'abord la Saint-Martin !

Il se moquait parfaitement des reproches de ses collègues anciens combattants. Lorsque la coopérative des Coteaux de César fut créée en 1926, il resta indépendant sur son petit vignoble, dans sa petite cave garnie de petits tonneaux, dont le vin était si réputé qu'il se vendait à la bouteille, chose rare à l'époque.

Ses deux mulets donnaient l'engrais, lui son travail. Il échangeait un peu de vin contre un peu de soufre. Et pour le reste, il savait d'instinct que la vigne a besoin d'amour. Dans ce domaine c'était un vrai don Juan et chaque cep l'écoutait. Car Ludovic parlait aux vignes !

Quand il taillait, il disait : « Pardon ma jolie, je vais t'embellir en coupant tes bois morts. Tu sais que je t'aime... Tu n'auras pas mal. Je ne te blesserai pas avec le sécateur. »

Quand il répandait du soufre: « Voilà mes belles c'est la poudre de beauté, mieux que la poudre de riz des parfumées de la ville... Vous allez faire des jalouses. »

Quand il cueillait son raisin: « Oh! les beaux enfants! Vous me gâtez, mes jolies vignes. Vous me rendez heureux. Jamais on ne cueillera de plus belles grappes en Provence... Vous êtes merveilleuses. »

Quand il répandait du fumier au pied de chaque cep: « Regardez comme je vous gâte... Un bon fumier qui ne sent pas mauvais... Il va vous tenir chaud cet hiver, et vous allez vous régaler. »

De plus, tous les matins, il faisait dès l'aube son tour du vignoble pour saluer individuellement chaque rangée.

Une seule fois, il lui arriva de ne pas s'attarder dans sa visite matinale. C'était le jour de l'enterrement de Germaine. Son petit-fils l'accompagnait et c'est lui qui raconta: « Il marchait vite en longeant les rangées de vignes. À chaque premier cep, il disait: « Je n'ai pas trop de temps... Fais savoir aux suivants que j'enterre ma femme... Après l'enterrement, vous m'aurez entièrement pour vous. »

Finalement on a conclu dans le village, en sachant tout cela, que si le vin de Ludovic était le meilleur, c'est que les vignes l'aimaient aussi et qu'une histoire d'amour entre un vigneron et ses vignes n'était rien que du naturel.

C'est ainsi qu'il devint le sorcier. L'homme qui parlait aux vignes.

Et la chose se confirma, car l'année où il quitta ce monde pour rejoindre les vignes du

Seigneur en son paradis, son vignoble s'étiola et en quelques semaines ses vignes orphelines moururent de chagrin.

Et c'est pour tout cela qu'à présent la cave coopérative a lancé sa « Cuvée du Sorcier » et que dans le village les vignerons parlent aux vignes… en mémoire de Ludovic, l'homme qui les aimait d'amour fou.

Combat à mort à Saint-Rémy

Étrange histoire en vérité !

Certains parlent de légende... Donc, soyons précis selon les sources de Suzanne Vaïsse, arrière-petite-fille de Roustand, né le 30 mai en 1801 à Saint-Rémy-de-Provence.

Ce Roustand Vaïsse décéda 76 ans plus tard à Saint-Andiol. Il était agriculteur et travailla sa vie durant pour le marquis de Lagoy, de Saint-Rémy.

En cette époque de Restauration royaliste, les petits nobliaux des campagnes provençales se recevaient souvent dans des fêtes estivales ou des repas de gibier en saison.

Napoléon était loin, les nouveaux rois accommodants, la politique peu intéressante, sauf pour la gauche... Mais le rétablissement des classes sociales prérévolutionnaires n'était pas beaucoup contesté.

Roustand Vaïsse était donc paysan, et costaud au point de faire l'admiration de son marquis de maître qui en avait fait son homme fort, le mariant dans le domaine en l'encourageant à faire des enfants dignes de leur père !

Il est vrai que Roustand avait une force reconnue, même s'il n'était pas un athlète olympique et qu'il lui soit arrivé d'étouffer un taureau quelque peu agité...

Le marquis de Lagoy avait, ce dimanche-là, invité son ami le marquis de Roquemartine d'Eyguières.

Superbe menu et vins de qualité firent sans doute dépasser la mesure habituelle des conversations qui se résumaient d'ordinaire à l'importance des tableaux de chasse, à la qualité des mets et à l'élégance du nouveau service de table acquis par la marquise.

Les deux marquis se jalousaient un peu, chacun se voulant le plus fort, le plus riche, le mieux équipé... et même le mieux doté en personnel. De sorte qu'il avait assez de réserves comparatives pour surenchérir :

– J'ai au moins quelque chose de plus que vous sur mes terres, mon cher Lagoy, dit l'invité.

– Cela m'étonnerait, Roquemartine !

– Et mon mulâtre ? Vous l'oubliez ?

– Votre mulâtre ? Oui, c'est un homme solide... Encore que le climat provençal ne convienne pas trop à un homme importé des îles à sucre !

– Peut-être, mais ce n'est pas un doux... Il affiche 250 livres de muscles et peut remplacer un cheval en cas de besoin ! Votre Roustand ne sera qu'un fétu de paille face à lui !

– Dois-je comprendre que vous lancez un défi ?

– Parfaitement ! Un combat entre les deux hommes pour savoir qui de nous deux est dans le vrai...

– Il faut donc une récompense, pas pour nous certes, mais pour le vainqueur.

– Alors, c'est un combat à mort que vous voulez ?

– Vous avez bien compris... Celui qui tuera liquidera notre rivalité !

Et l'affaire fit le tour de la région… Le combat à mort fut annoncé comme devant se dérouler dans les arènes de Saint-Rémy

Le pari était énorme, digne de l'histoire antique, des combats d'Hercule, il ne fallait donc pas le perdre et le marquis de Lagoy s'y employa.

En pleine force de ses vingt-cinq ans, Roustand fut suralimenté à la table quotidienne du marquis et entraîné contre des animaux solides à tirer des cordes qui en arrivaient à se rompre.

Roustand ne criait pas famine dans le domaine, mais son alimentation rustique avait inquiété le marquis de Lagoy qui durant un mois lui offrit les meilleures viandes, les plus saines préparations et le « dopa » à l'ail comme les constructeurs des pyramides !

Les combattants se présentèrent en fanfare aux arènes de Saint-Rémy devant un public très amateur de luttes foraines, comme il y en avait dans chaque fête de village, mais ce jour-là on ne plaisanta pas : la mort était au bout du combat !

Le mulâtre et Roustand Vaïsse se présentèrent au public pour ce « combat à la loyale ».

Roustand racontera plus tard :

« Il m'a tendu sa main droite, et j'ai tendu la mienne. Et c'est à cet instant qu'il m'a demandé : "Êtes-vous marié ?" J'ai répondu oui et il m'a alors dit : "Pauvre femme !" Ça m'a mis mal à l'aise. Et il a continué : "Avez-vous des enfants ?" "J'en ai deux." Il me rétorqua : "Pauvres orphelins !" C'est là que j'ai vu rouge. Mes enfants ! Je n'y avais pas pensé plus tôt… Alors là, j'ai eu le réflexe de serrer sa main droite un peu plus fort !

Et ça m'a fait tout drôle d'entendre les os qui craquaient et de sentir couler le sang… Il m'a repoussé du bras gauche en hurlant, mais il était fini d'avance.

Avec une brassette arrière, je lui ai écartelé les épaules et démonté les bras.

Il hurlait : "Je veux mourir ! Je veux mourir !"

Et moi j'ai demandé au marquis : "Je le tue ou quoi ?"

Le marquis de Roquemartine était évanoui de stupeur à côté de son champion qui fut renvoyé dans les îles. Et moi, j'ai été porté en triomphe, tout simplement… »

Le lendemain, Roustand était dans les champs, et sa femme contemplait les pièces d'or du marquis de Lagoy, lesquelles allaient établir l'avenir de la famille.

Suzanne Gérard-Vaïsse

Obsèques au pic des Mouches

En avril 2002, une très fidèle auditrice et lectrice du village des Milles, proche d'Aix-en-Provence, me demande une faveur qui m'a ému : raconter une histoire spécifiquement pour sa maman âgée, qui ne peut plus lire et passe ses journées en écoutant les programmes diffusés par France Bleu Provence !

C'était dans mes possibilités et je fis donc ce plaisir à la dame, mais aucune nouvelle ne me parvint ensuite, y compris après la fête des Mères, jour prévu de la diffusion de l'histoire.

J'ai failli écrire pour demander si l'histoire avait été entendue dans de bonnes conditions... Mais failli seulement.

Et voilà, un an après, la lettre que m'envoya Christiane D.

« Je viens, avec beaucoup de retard vous remercier de l'histoire racontée sur l'antenne de France Bleu Provence, pour la fête des Mères 2002.

Nous avons vécu une étrange journée, et tous les membres de la famille y ont participé, selon le vœu de maman.

Ce dimanche des mamans était triste. Notre ancienne était partie quatre jours plus tôt pour un monde meilleur.

Cela signifiait qu'avec les délais demandés pour l'incinération et les obsèques, nous ne pûmes exécuter son vœu que le dimanche de la fête des Mères.

Elle avait demandé que ses cendres soient répandues au sommet du pic des Mouches, dans le massif de Sainte-Victoire.

Ce dimanche-là, enfants, petits-enfants, familiers étaient tous réunis sur les rochers blancs, parmi les touffes de thym, de ciste, de romarin et de lavande sauvage.

Le mistral soufflait légèrement lorsque nous avons sorti l'urne d'un sac à dos pour préparer la cérémonie.

J'avais aussi pris la précaution de ne pas oublier le transistor.

Et c'est ainsi que maman s'en est allée au Panthéon provençal des âmes riches.

Votre voix racontait l'histoire à son intention tandis que les cendres voletaient de rocher en rocher.

L'émission était en direct sur le pic des Mouches, et votre histoire fut une sorte de prière qui l'accompagna ».

Privilège ?

Je voulais le garder jalousement pour ma petite musique intime... Mais il y a trop de malfaisants qui racontent que mes histoires sont inventées.

Et pourtant c'est ainsi que cela fut, très simplement en fait.

D'après Christiane D.

L'hiver : la quatrième saison

La caractéristique de l'hiver civil est de se greffer sur la cinquième saison, celle de Noël.

La nuit la plus longue de l'année, le 21 décembre fête de saint Thomas, apôtre du doute, donne le ton général et le sens de la veillée, même chez les non-chrétiens.

On passe davantage de temps en famille, à la maison, et si possible sans écran cathodique. C'est la saison où bien des histoires peuvent être racontées aux plus jeunes dans tous les genres, ludiques, éducatives, amusantes. Trois histoires très différentes sont consacrées à cette quatrième saison qui fait parent pauvre à côté du temps de Noël.

Elles sont là pour le plaisir. Ne vous en privez pas…

Les insomnies du santonnier

Les insomnies du santonnier

À une lieue au nord de Brignoles, on visitera avec bonheur le village du Val, pour y découvrir un certain art de vivre en osmose avec la création du monde.

Certes, la Provence est un don de Dieu, mais le Val est un concentré de la Provence verte qui n'a rien à voir avec les plages ou les Luna-Parks. C'est dans ce village que j'ai rencontré un santonnier heureux qui vient récemment de vaincre ses insomnies de créateur, émule de Dieu le Père !

Tous les Provençaux savent que Dieu tira l'homme d'une poignée d'argile pétrie, et que les santonniers utilisent la même matière pour créer le peuple des santons. Quel artiste créateur ne s'est pas un jour comparé à Dieu le Père ? Surtout dans la corporation des pétrisseurs d'argile !

Et pourtant Claude, le santonnier du Val, avait des insomnies de perfectionniste. Il connaissait son métier et croyait bien le servir en donnant quasiment la vie à un petit peuple naïf, chargé par le monde provençal de toute l'adoration dédiée à l'Enfant Jésus.

Il était même tellement passionné, l'ami Claude, qu'il avait créé un musée du Santon donnant sur une placette à l'arrière de l'église.

Fort des deux siècles de création santonnière qui le précédaient, Claude suivait fidèlement les techniques de ses maîtres.

D'abord, dans l'argile choisie, il sculptait son petit personnage, généralement d'après un modèle local. Puis fabriquait le moule définitif.

Combien d'hommes et de femmes du Val et des environs se sont reconnus en contemplant les créations de Claude ?

Ses voisins l'inspiraient sans qu'il force son talent. Il avait parfaitement saisi le secret des visages, tous dans leurs petites particularités.

Pour le sculpteur d'argile, le rêve est un modèle aux traits marqués, aux pommettes saillantes et différentes, aux yeux décalés, au menton particulier, aux sourcils spéciaux, aux oreilles surprenantes.

C'est avec ces menus détails qu'un visage devient vrai, d'un semblant de vie exaltée par l'artiste.

Le santon est avant tout figuratif. Il doit offrir son adoration devant la grotte de la Nativité et donc être lui-même le peuple en prière.

Claude était content de ses modèles. Leurs visages jeunes ou vieux, lisses ou burinés, tristes ou joyeux, bougons ou sereins, offraient une mosaïque parfaite de la population qui l'inspirait.

Mais une pensée le taraudait : sa Sainte Vierge ne lui paraissait pas réussie. Elle n'exprimait pas suffisamment la notion abstraite de pureté que doit offrir une vierge.

Il passa des années à en sculpter, en multipliant les modèles choisis parmi les plus parfaites demoiselles qu'il rencontrait.

Malgré son acharnement au travail, il n'était jamais satisfait du résultat. Le visage de la mère de Dieu n'était jamais assez pur pour l'idée qu'il s'en faisait. Il n'osait pas parler de ce problème autour de lui, même pas avec Alfred le maire, qui lui s'y entendait sûrement, comme il s'entendait en toutes choses, sinon il n'aurait pas été maire…

Le santonnier du Val en perdait le sommeil.

Sa quête de pureté virginale nuisait à son talent, et le village faillit bien perdre son santonnier qui se décourageait, jusqu'à l'étrange rencontre qui lui ouvrit les yeux.

Un vieux pèlerin de la Sainte-Baume, dévot de Marie Madeleine, le croisa sous le hêtre millénaire de la forêt antique et l'apostropha :

– Dis donc, santonnier ! Tu cherches la perfection dans des modèles terrestres. Tu en deviens fou. Tu n'en dors plus… Alors ? Veux-tu te désespérer à en mourir ? Souviens-toi que la perfection n'est pas de ce monde et sculpte donc ton rêve. Inspire ton œuvre uniquement avec ton rêve.

Claude n'a jamais su qui était cet homme… Mais il avait dit juste !

Dans la nuit suivante, il rêva… Donc il dormait enfin.

Au matin, il créa une « Vierge du pèlerin inconnu », sans avoir de modèle ! Elle était parfaite et fait à présent partie du trésor des ex-voto de la Sainte-Baume. Son pur visage ovale est irréel, il ne ressemble à aucune femme… Elle est la femme ! Intacte. Vase de perfection. Vaisseau de la vie. Pure parmi les pures. Maison de Dieu, disent les religieux qui en ont la garde. Et Claude a retrouvé le sommeil, même si ses vierges d'argile ne sont pas toujours aussi parfaites que celle qu'il rêva et créa…

Il a cependant compris que le santon de la Vierge dans la crèche provençale était le seul personnage qui ne pouvait avoir de modèle terrestre.

Les mains vertes de papa

À peine revenu de l'école communale, Gaston qui vient de fêter ses cinq ans dit à sa maman :

– Dès que j'aurai goûté, je peux aller dans le jardin ?

– Bien sûr mon chéri. Tu peux aller jouer en attendant que papa revienne du travail. Mais ne te salis pas davantage… Et puis ne traîne pas lorsque je t'appellerai pour la douche.

– C'est promis, maman.

Et Gaston se dépêcha de goûter, pour aller dans le jardin examiner d'un œil curieux toutes les plantations que son papa entretenait.

Il regarda avec intérêt les tomates, les fraises, les arbres fruitiers, les salades, les poireaux, les carottes…

Il se mettait même à quatre pattes, le nez à ras du sol, pour mieux voir les petits légumes.

C'est dans cette position que papa le trouva.

– Bonsoir, bonhomme. Maman m'a dit que tu t'intéressais au jardin.

– Bonsoir, papa. Oui, je cherche les graines.

– Quelles graines, Gaston ?

– La maîtresse nous a montré des graines aujourd'hui, et nous a expliqué que tout ce qui poussait venait d'une graine. Alors je suis venu voir les graines du jardin. Mais j'ai beau regarder au pied de chaque plante, je ne vois pas les graines !

– Et pourtant chaque chose sur terre provient d'une graine.

– Même moi ?

– Toi aussi, comme moi, maman et toutes les choses vivantes...

– Et les graines de balançoires, ça existe ?

– Je vais me renseigner, et nous en parlerons demain samedi en jardinant ensemble.

Sur cette promesse paternelle, Gaston passa une nuit pleine d'un rêve où une balançoire occupait une large place.

Il raconta son rêve à papa et maman qui, en secret, avaient décidé de faire une surprise originale à leur petit garçon.

Avec papa, ce samedi matin-là, Gaston sema des graines de balançoires ! Il les arrosa pour qu'elles poussent vite et enleva les herbes folles autour de la plantation.

Désormais, chaque matin et chaque soir, il allait dans le jardin pour observer si les graines poussaient... Cela dura une semaine, puis il partit en vacances chez sa grand-mère pendant les congés scolaires d'automne.

C'est au retour qu'il trouva une balançoire toute neuve, bien plantée, là où il avait semé les graines... C'était formidable ! La balançoire avait poussé !

Quand on est aussi heureux que Gaston, on veut faire partager son bonheur. À la première heure de classe après les vacances, il se dépêcha de raconter à tous ses camarades comment une balançoire avait poussé dans son jardin. La maîtresse écouta aussi l'histoire de Gaston et dit :

– Tu féliciteras ton papa pour moi. Il doit avoir les mains vertes pour être aussi bon jardinier…

En retrouvant papa le soir même, Gaston regarda bien ses mains et dit :

– La maîtresse dit que tu as les mains vertes ! Elles ne sont pas vertes tes mains !

– Tu as raison, mais si on dit d'un jardinier qu'il a les mains vertes, c'est une image pour faire comprendre qu'il sait bien faire pousser les plantes et les arbres. Toi, mon petit Gaston, tu as un cœur d'or… Et pourtant ton cœur n'est pas en or. Mais c'est un cœur de grande valeur, plein d'amour et de gentillesse. Cela aussi est une image… Comme les mains vertes.

– Et la balançoire ? Comment l'as-tu fait pousser sans des mains vertes ? Tu es magicien ?

– Non, mon chéri. Je t'ai fait une farce pour t'offrir cette balançoire de façon originale. Les graines de balançoires n'existent pas !

– Alors ? Tu as tout inventé avec maman pour me faire plaisir ? Vous êtes formidables tous les deux…

– Non, nous sommes des parents qui t'aimons beaucoup.

– Moi aussi, je vous aime, encore plus que la balançoire… Et à partir d'aujourd'hui je vous ferai tous les jours pleins de bisous de miel !

– C'est quoi des bisous de miel ?

– Ce sont des bisous très doux comme le miel… Tu comprends papa, c'est une image comme les mains vertes !

À Mazargues, l'authentique histoire de Prosper Cadichon

Dans toute cette histoire, le moins qu'on puisse dire, c'est que Coco avait un cœur d'or !

Voui Môssieu ! On peut être tout à la fois boucher, spécialiste en viande chevaline, maquignon, et avoir un cœur d'or.

Ce n'est pas du tout incompatible et la preuve, la voilà : pour être certain de la bonne qualité de la viande qu'il vendait sur son étal de la Halle du Prado, Coco achetait directement sur pied des chevaux et même quelquefois des ânes qu'il menait à l'abattoir puis, sans aucun intermédiaire, débitait sa viande au détail, à la plus grande satisfaction de sa nombreuse et fidèle clientèle.

Il avait comme voisin de stand Marius Scanzaroli qui, de son côté, ayant une parfaite connaissance de tout ce que l'on peut tirer de bien et de bon des abats, exerçait le noble métier de tripier.

C'était, entre les deux hommes, plus qu'une simple amitié ou entente cordiale car, de fait, ils se sentaient frères d'armes.

Or, avec toute l'attention qui le caractérise, voyant un beau jour le front soucieux de son ami, Coco devine tout de suite que Marius a un problème.

Aussitôt, avec autant de prévenance que de tact, il lui demande quel est l'objet de son tourment apparent, et l'autre se confie dans un soupir.

– Ah ! Coco ! Ces jeunes de maintenant, on se demande ce qu'ils ont dans le ciboulot ! Tu sais Georges, mon fils, celui qui est à Mazargues ; eh bien, sa petite Denise va avoir quatre ans. Et tu ne devines pas ce qu'il veut lui offrir pour son anniversaire ? Je te le donne en mille : un âne ! Vouai, mon collègue, un âne ! Et qui c'est qui doit le lui trouver ? C'est bibi, c'est moi ! Où veux-tu que j'aille le lui pêcher cet âne ? Chercher une bonne bouillabaisse à Sormiou ou Morgiou, passe encore, mais un âne ! Non, mais tu te rends compte ?

Et là, ô miracle, au lieu de s'assombrir devant ce problème délicat à résoudre, le visage de Coco s'illumine.

– Marius, t'en fais pas ! J'ai ton affaire !

Et devant l'air tout autant incrédule qu'interrogateur de Marius, il lui explique :

– Tu sais, l'âne que j'ai acheté, il y a quelque temps ? Et bien il est toujours bien portant sur ses quatre pattes : je n'ai jamais eu le courage de l'amener à l'abattoir. Peuchère ! Ça aurait été une grande injustice, que dis-je, une injustice, un crime ! Et moi, j'ai beau vendre de la viande de bêtes que je fais abattre, je ne suis pas un criminel ! Pourquoi cet âne est toujours vivant ? Tu vas comprendre, c'est simple. Tu sais, Marcel Pagnol, il tournait *Manon des Sources*, et comme il lui fallait un âne pour son film, il m'a emprunté le mien par l'intermédiaire d'un ami commun. Eh ! tu te rends compte ! Prosper Cadichon (c'est le nom de l'âne) entre Rellys et Jacqueline Bouvier, pardon, Pagnol ! Crois-moi, il n'a pas fait piètre figure ! Et maintenant qu'il est vedette, tu veux que je le mène à l'abattoir ? Non mais *! Sieù pas un maufatan !* Georges a besoin d'un âne ? Et bien, je ne te le vends pas, je te l'offre !

C'est ainsi que de plain-pied, ou plutôt de ses quatre vaillants sabots, Prosper-Cadichon fit une entrée triomphante dans le domaine de la Campagne Fraire, avenue de la Jarre à Mazargues, pour la plus grande joie de Denise qui venait de souffler ses quatre bougies.

Nous étions en l'an de grâce 1953.

À partir de ce jour-là, Prosper a fait les beaux jours de toutes les grandes festivités mazarguaises, parfaitement conscient, avec son caractère doux mais un tantinet cabotin, qu'il avait une réputation à défendre, un rang à tenir.

Pendant toute la période où la Saint-Éloi se fêtait avec faste à Mazargues, il n'a jamais déserté sa place, en bonne position du cortège défilant sous les vivats de la population depuis l'Obélisque, puis quartier des Lanciers, et remontant fièrement l'avenue Émile-Zola jusqu'à l'église Saint-Roch.

La qualité de ses prestations, son maintien plein de noblesse, furent tellement populaires que rapidement, sa renommée déborda largement des frontières de Mazargues. Et c'est ainsi que Prosper devint l'invité d'honneur du Comité d'entreprise d'EDF-GDF lors des festivités organisées à l'intention des enfants du personnel.

De même, arborant pompons multicolores et sous le doux tintement de ses grelots dorés, aucune fête ou kermesse scolaire de l'Institution Sainte-Trinité de l'avenue de-Lattre-de-Tassigny ne pouvait se concevoir sans la participation active de Prosper Cadichon qui, avec beaucoup de docilité et de patience, aimait prendre directement les bambins sur le dos ou, lorsqu'ils étaient trop nombreux, traînait sur une charrette, à travers les chemins et sentiers de la propriété des sœurs Trinitaires, les élèves émerveillés de Mat-Sup (maternelle supérieure) !

Une caresse affectueuse de ces derniers et une poignée de picotin offert au creux de la main étaient ses plus belles récompenses.

Il avait tant de fois pris le chemin de l'institution que c'est naturellement à lui qu'on eut recours une année, lors des fêtes de la Nativité. Prenant l'exemple célèbre de celle créée par saint François d'Assise dans la forêt des Abruzzes au XIIIe siècle, les religieuses eurent l'idée de mettre en scène une crèche vivante.

Sur un plateau solidement aménagé, sœur Louise, qui s'occupait avec autant de dévouement que de compétence de la cuisine, menait d'une main ferme, à défaut du légendaire bœuf, une belle vache toute mignonne. Quant à sœur Geneviève, en charge du jardin d'enfants, elle avait la lourde responsabilité de veiller à la bonne tenue de Prosper Cadichon.

Une troisième religieuse, toute frêle et menue, avait pris la place de l'Enfant Jésus dans une caisse en bois remplie de paille, qui rappelait avec beaucoup de réalisme la mangeoire de l'étable sainte.

Or, il est important ici de souligner que Prosper Cadichon était un âne entier, c'est-à-dire qu'il n'était pas castré.

Est-ce le doux côtoiement de la vache qui réveilla ses instincts naturels ? Le fait est là : il se mit brusquement à braire tout en mettant en évidence ses imposants attributs masculins, au grand effroi que l'on devine de toute la communauté religieuse et de ses pensionnaires, sans compter que la crèche elle-même se trouva rapidement vidée de son occupante à qui la peur avait donné des ailes !

En vérité, tout le monde ayant retrouvé ses esprits, on fut plutôt indulgent, et on accorda à Prosper Cadichon de larges circonstances atténuantes pour son manque de tenue.

Simplement, Georges comprit immédiatement qu'un incident de ce genre ne devait plus se reproduire et que pour calmer les ardeurs passagères de l'âne, il était nécessaire et urgent de lui trouver une compagne digne de sa condition de vedette masculine. Ce fut chose faite avec l'acquisition de « Coquine », qui portait bien son nom et qui vint enrichir par sa présence la population animale de la Campagne Fraire.

La première rencontre nuptiale fut plutôt épique. Il faut dire que malgré sa féminité, Coquine était, morphologiquement parlant, un peu plus imposante que Prosper qui, lui, avait un profil nettement plus bas. Il fallait donc à ce dernier à la fois des élans amoureux, mais aussi un peu athlétiques pour accomplir ses devoirs.

Il s'ensuivit de tels mouvements dans leurs ébats que tous deux se retrouvèrent, après maintes roulades, au fond du canal d'arrosage ! Et le renfort de tous les travailleurs agricoles de la propriété fut nécessaire pour tirer sans dommage le couple un peu trop remuant de sa position inconfortable.

À propos d'ouvriers agricoles, Georges employait en ce temps-là un groupe fort sympathique de saisonniers espagnols. Ils avaient coutume de faire la pause déjeuner dans la pinède de la propriété qui avait l'avantage de fournir à la fois un abri tranquille et une ombre reposante, nécessaire à une bonne sieste réparatrice.

Ce jour-là, ils invitent Georges à venir prendre un café avec eux suivi d'un digne arrosage, une belle bouteille de cognac trônant à cet effet dans l'imposant panier à victuailles posé à même le sol.

À l'heure dite. Georges rejoint le groupe qui, fait inhabituel, observe un silence pesant. Jetant un coup d'œil interrogateur à la ronde, son regard est attiré par Prosper en train de s'éloigner d'un pas complètement désordonné : en moins de temps qu'il n'en faut pour le dire, il venait de vider le litre de cognac au grand dam de toute l'équipe à qui ne restait, pour toute consolation, que le spectacle burlesque d'un animal « empégué » comme une vache, ce qui, vous en conviendrez, est un comble pour un âne !

Cet acte d'intempérance n'était que passager, et Prosper savait se faire pardonner en mettant toujours plus de cœur dans l'exercice de ses talents au service de son maître. Et parmi ses qualités indéniables, il y avait celle de son sens de l'orientation.

Un matin assez tôt, l'un des nouveaux ouvriers, un ancien légionnaire, était parti en ville sur la petite charrette tirée par Prosper dont la renommée avait largement débordé la banlieue mazarguaise. Vers le milieu de la journée, la Campagne Fraire reçoit un coup de téléphone : une charrette aux armes de la propriété et tirée par un âne se trouve du côté de la Réserve, promenade de la Corniche. Son conducteur, affalé, ivre mort, est dans l'incapacité totale de guider l'attelage !

Georges, qui ne peut à ce moment-là quitter la propriété, remercie son interlocuteur et le rassure, il peut laisser l'âne suivre sa route tout seul selon son instinct. Effectivement quelques heures plus tard, sans causer ni accident ni dommage quelconque, Prosper ramène tranquillement au bercail la charrette avec son chargement fortement imbibé d'alcool.

Ce jour-là, chacun reçut son dû largement mérité: Prosper, une double ration d'avoine, et l'ouvrier soûlographe, une belle avoinée!...

Il est bon de le rappeler: Prosper adorait son maître et le suivait comme un chien fidèle. On peut affirmer qu'il était, de plus, doux comme un agneau!

C'est la raison pour laquelle aujourd'hui encore, Georges se demande par quelle mouche son âne a pu être piqué ce jour-là ?

Depuis six mois, il avait un nouveau compagnon: un brave mouton qui, à ses côtés, broutait tranquillement l'herbe verdoyante et bien grasse du pré.

A-t-il involontairement ou non coupé l'herbe sous les pieds... Pardon, sous les sabots de Prosper ? Tout à coup, ce ne sont pas de doux bêlements, mais de véritables hurlements de douleur qui sont parviennent à Georges ! Il accourt et découvre le mouton sanguinolent. Sans oreilles ! L'âne les avait purement et simplement phagocytées ! Avez-vous déjà vu un mouton sans oreilles ? C'est, à proprement parler, atroce !

Prosper, conscient de son acte répréhensible de quasi-cannibalisme, adopta pendant plusieurs jours un profil bas, aidé en cela par sa taille naturelle.

Ces veilles de fêtes de Noël ont failli être fatales à Prosper. Il faut reconnaître que ses formes rondouillardes pouvaient tenter des amateurs de viande fraîche gratuite ! Et dans le voisinage immédiat, ce genre d'individu peu scrupuleux ne manquait pas, en particulier dans certains bidonvilles existant encore à cette époque-là dans le *no man's land* de La Cayolle.

Par un bienheureux hasard, ce jour-là, quelqu'un est le témoin involontaire d'une scène. C'est ce brave Manfredi, plombier zingueur de son état, qui se trouvait sur la toiture d'un immeuble voisin pour procéder à un ramonage de cheminée ; il assiste à l'enlèvement de Prosper et observe la direction que, sans équivoque, prennent les ravisseurs.

Il alerte immédiatement Georges dont le sang ne fait qu'un tour. Son fusil de chasse en main, il se dirige vers la zone indiquée et tel Tartarin exerçant son adresse au tir à la casquette, procède à une série de décharges en l'air, ameutant ainsi tous les habitants du quartier qui, prudemment, se calfeutrent derrière quelques plateaux de bois assemblés en ce qui pouvait ressembler à une barrière de protection. Tout en tirant à nouveau plusieurs salves, Georges appelle son âne : « Prospeeer ! Prospeeer ! »

Le courage des voleurs a des limites : ils ne veulent pas se faire cribler de plombs pour un âne, si beau et célèbre soit-il. Alors, la peur au ventre, ils lâchent la bête qui, traînant la longue chaîne que les ravisseurs n'avaient même pas eu le temps de sectionner, vient retrouver son bon maître et sauveur !

Ouf ! En plein hiver, Prosper et Georges ont eu chaud, mais quel beau conte de Noël s'est maintes fois conté et raconté en famille au coin du feu dans la Campagne Fraire !

En ce temps-là déjà, les problèmes d'insécurité étaient préoccupants et un grand commis de l'État ayant marqué son époque était à la tête du ministère de l'Intérieur : c'était Michel Poniatowski.

Selon ses directives, des interventions ponctuelles appelées « opérations coup-de-poing » avaient été mises en œuvre un peu partout sur le territoire national. Il s'agissait pour la police de réaliser des contrôles inopinés dans un secteur soigneusement quadrillé par les forces de l'ordre, mais désigné au tout dernier moment pour éviter toute fuite indiscrète d'information susceptible d'anéantir l'effet de surprise.

Or, ce jour-là, le ministre était à Marseille.

Confortablement installé dans une voiture banalisée, accompagné du préfet de Région, il assistait en personne à une telle opération, mise en place dans le secteur Bonneveine-Mazargues.

Assez tard, ou plutôt très tôt, car il était aux environs de trois heures du matin, Georges rentrait de Bonneveine où, avec d'autres confrères et amis, il avait honorablement arrosé l'achat d'une camionnette neuve par un collègue maraîcher. Il passe sans encombre un premier contrôle et s'apprête à prendre la traverse qui mène à sa propriété lorsque, à la sortie du Roy d'Espagne, il est arrêté par un second barrage policier, celui où se trouvent les personnalités de l'État.

Georges fait humblement remarquer qu'il a déjà fait l'objet d'une vérification en bonne et due forme un peu plus bas. Ce à quoi les forces de l'ordre lui expliquent qu'ils sont là car des bruits plus que suspects ont été perçus dans la pinède voisine et qu'ils ont pour mission de veiller au grain et de débusquer d'éventuels délinquants.

C'est alors que les paroles « bruits suspects » et « pinède voisine » éveillent en Georges un soupçon, provoquant sur son visage un sourire un tantinet malicieux. Dans la direction de la pinède et déchirant le silence nocturne, il lance quelques coups de sifflet, et fait signe aux policiers d'attendre.

Au bout de quelques secondes, sortant d'un fourré, une masse grisâtre se profile et se rapproche rapidement du groupe. C'est Prosper, qui a reconnu l'appel de son maître ! À force de tirer sur sa longe métallique, il avait descellé le piquet de maintien dans le pré et, s'étant réfugié dans la pinède, provoquait en traînant ses attaches les bruits étranges perçus par les policiers.

On devine aisément l'hilarité générale des autorités policières, ministre et préfet compris !

Ce qui permit à Georges de bénéficier d'une paternelle indulgence dont il avait grandement besoin : en effet, au cours du contrôle, on avait découvert dans son véhicule une chose dont il se séparait rarement, son fusil de chasse. Or, la saison des perdreaux et lapins, il y avait de longs mois qu'elle était close !

Mais qu'elle soit végétale, animale ou humaine, toute vie terrestre a son terme et celle de Prosper Cadichon ne pouvait que se soumettre à cette règle irrémédiable.

Lui qui avait échappé à l'abattoir municipal et aux amateurs d'abattage clandestin, se trouvait vaincu par les effets conjugués d'une vieillesse avancée et d'un cancer rongeur.

Avant de s'éteindre à jamais, son doux regard lança une dernière fois quelques lueurs. Tout d'abord de reconnaissance envers son maître et toute la famille qui l'avait si affectueusement adopté dans la Campagne Fraire.

Tout aussi douce, mais avec un tendre reproche vers Coquine qui, malgré tous leurs efforts conjugués, n'avait pu lui donner de descendance. Ah ! Il aurait bien aimé avoir un petit ânon à qui il aurait donné, grâce à son expérience, de judicieux conseils qui, peut-être, lui auraient permis à ton tour de devenir vedette et qui sait ? de figurer en bonne place dans la nouvelle version du merveilleux conte de Giono, mais cette fois aux côtés de Depardieu, Daniel Auteuil, Emmanuelle Béart et le monumental Papé Yves Montand !

Enfin, dans une dernière et fugitive vision, conscient d'une vie d'âne bien remplie, Prosper Cadichon entendit comme un écho une voix lointaine mais ferme résonant dans ses oreilles celle du grand Marcel Pagnol lançant bien des années en arrière d'un ton impérieux : « Silence, on tourne ! »

David Sciaky

Le conteur et ses invités

Cinquième saison: Josette Caravin de Solliès-Pont, nous a fait partager sa ferveur autour du gros souper provençal rituel. Fernande Prato de Cavaillon nous a raconté sa rude expérience de 1916.

Première saison: Gigi et Patrick Vanacker ont laissé la plume à Justin de la Farge, âne champion de France, issu de Roquevaire, dont le texte fut réécrit par le correspondant de *La Provence* à Roquevaire.

Deuxième saison: Jean-Louis Pradelle, journaliste au *Dauphiné libéré* à Bollène, nous a offert son papier du 13 avril 2004 sur la « Ferme-réalité » de Visan. Une histoire moderne ?

Troisième saison: C'est Suzanne Gérard, née Vaïsse, de Belcodène et Salon, qui nous a raconté l'histoire de son aïeul dans le combat à mort de Saint-Rémy. Christiane D... nous a confié le récit des obsèques de sa maman dans des circonstances incroyables qui ne peuvent s'inventer, même en Provence.

Quatrième saison : David Sciaky de Marseille (Mazargues) est allé chercher la fabuleuse histoire de Prosper Cadichon, candidate pour de futures légendes.

Un grand merci à tous ces amis amateurs d'écriture qui démontrèrent sans le savoir que la Provence est un nid de conteurs, et qu'il n'est nul besoin d'inventer des « histoires » lorsque l'on a la chance de les vivre.

Que cette petite anthologie saisonnière porte loin leur renom. Là est le vœu du vieux conteur que je suis.

J.-C. Rey

Histoires pour toutes les saisons… y compris celle du rêve

Les raconteurs d'histoires sont des privilégiés, car leur matière première est inépuisable !

Il faut vivre des événements, écouter la conversation des inconnus dans l'heure précédente, regarder le monde vivant, saisir l'instant fugitif qui va provoquer un rêve des années plus tard parfois.

J'ai la chance supplémentaire de connaître la faveur d'un public de lecteurs fidèles toujours attentifs, et capables très souvent de découvrir derrière une histoire un peu plus que ce que je veux raconter.

En fait, c'est pour ce public que je raconte et écris souvent au quotidien sur des sujets d'apparence anodine qui, finalement, découvre les petits secrets de l'auteur caché derrière ses personnages et me le fait savoir.

Et je me demande combien de lecteurs vont relever dans ce livre tout ce qui se dissimule sous certaines histoires.

C'est à eux de me le faire savoir à présent que, comme on dit aujourd'hui chez les jeunes, le conteur s'est « lâché »…

Le fantôme de l'hôtel de Lubières

Les fantômes provençaux sont généralement fort sympathiques. Ils fréquentent des lieux où règne le plaisir.

Bien sûr, si l'on croit les légendes, on peut parfois trouver en Luberon la plante mandragore dont on dit que la naissance est toujours le résultat d'une fécondation entre la terre et un pendu...

Bien sûr, on dit que les gens de Bollène sont des sorciers... Mais c'est au figuré, pour plusieurs raisons.

Les travailleurs de la brique de Bollène avaient souvent les yeux rougis par la poussière, ce qui correspondait à l'image que le populaire se fait d'un regard de sorcier. Les Bollénois étaient aussi très féconds, or, en Provence, on a toujours cru que le septième garçon d'une famille avait des dont de *sourcié*, c'est-à-dire de devin ou de prophète.

Mais ces sorciers-là ne sont pas inquiétants, pas plus d'ailleurs que Léon Sagy, le potier aptésien qui était surnommé le sorcier de l'argile, parce qu'il connaissait le secret des terres flammées.

Quant aux fantômes, je n'en ai rencontré qu'un dans ma vie, et c'était voici déjà quelques années.

Ce fut une expérience étonnante vécue à Saint-Rémy en l'hôtel de Lubières, au numéro 11 du boulevard Marceau.

J'allais dire bonjour à madame Roumanille, la tante de madame Mistral, dont le fils se prénomme Frédéric ! Attention, je n'invente rien car tout ceci est contemporain. Frédéric Mistral travaille dans l'électronique à Pertuis et monsieur et madame Mistral, ses parents, étaient boulangers à Villelaure. Quant à madame Roumanille, je peux vous assurer que c'est leur tante, qu'elle parle provençal et qu'elle adore la soupe aux choux. Madame Roumanille habite face à la porte monumentale qui ouvre sur la cour historique de l'hôtel de Lubières, à Saint-Rémy.

Ce jour-là, je me trompai de porte. Il faut dire qu'il y a plusieurs locataires dans ce très vieil immeuble. En me trompant, j'étais entré dans un autre univers, celui de la musique. Je ne m'imaginais pas alors devoir rencontrer en ces lieux les techniques les plus pointues pour l'écoute musicale.

Le couple qui m'accueillit avait installé sur deux étages un ensemble de salons de musique pour que l'amateur puisse s'envoler au cœur même des œuvres, bercé par les enceintes les plus modernes et une extraordinaire technicité au service de la musique.

Je n'ai pas résisté aux jouissances de l'instant. Un salon précieux, des fauteuils confortables placés au point géométrique des nappes d'ondes musicales. Le silence qui suivait l'exécution des œuvres était, comme l'écrivit Guitry, « encore du Mozart ».

C'est à ce moment-là que je vis le fantôme ! Le fantôme de l'hôtel de Lubières. Qui jouait du clavecin, je crois. Mais sa musique était silencieuse.

Il était en habit de cour et me souriait de toute sa jeunesse. Était-ce Mozart dans son silence ? Peu importait d'ailleurs après cette expérience vécue. Le salon de musique avait fait son office.

Je suis resté longtemps à écouter des disques avec mes nouveaux amis. Monsieur et madame Sarghat, responsables de mes plaisirs musicaux et des installations qui les procurent, sont des fadas comme je les aime. Complètement fous de musique et prêts à tout pour faire partager leur plaisir.

Ils dirigent une association, « Ligne musicale », et s'y consacrent totalement à travers les techniques stéréophoniques les plus sophistiquées et les plus sûres. Tout amateur de musique les rencontrera ou les a déjà rencontrés un jour.

Je ne les connaissais pas. Ils m'ont fait « voir » Mozart en l'hôtel de Lubières au cœur de Saint-Rémy. Voilà pourquoi je n'ai pas eu le temps de partager la soupe aux choux avec madame Roumanille.K

Le bon génie des sorgues

Les légendes racontent que les sorgues aux eaux claires, issues de la résurgence de la Fontaine-de-Vaucluse, dissimulent dans leurs cours des légions de « fantines ». Ce sont les petites fées de la cour du roi des Sorgues. Mais, manque de chance pour la légende, l'absence du bon génie se faisait durement sentir.

Lorsque je l'ai rencontré.

Cela faisait quelques années déjà que je fréquentais Yves Michel, musicien congénital, peintre, santonnier de métier, auteur de comédies, de dramatiques, d'opéras et d'opérettes, voire d'oratorios et de livres étonnants.

C'est lui le bon génie de la Sorgue.

Car le festival de la Sorgue lui doit tout ou presque, et les festivités estivales dont il est l'ordonnateur au cœur de ce comtat seraient loin d'être aussi réussies si sa touche artistique n'intervenait jamais. Parfois, il m'arrive même de le prendre pour Dieu le Père !

Mais aujourd'hui, je ne veux parler ni de théâtre, encore que ce soit le seul auteur qui ait réussi à me faire jouer la comédie avec son *Valentin de la Sorgue*, ni d'opérette (où j'ai failli jouer), ni d'oratorio (où je tenais le lutrin du récitant). Je veux évoquer à travers ce bon génie la renaissance exemplaire de la Confrérie des Pêcheurs de l'Isle-sur-la-Sorgue.

Je viens de lire une plaquette signée d'Yves, et je suis encore sous le charme de tout ce qu'il raconte à propos de cette antique confrérie, trop tôt disparue, dans son authentique extraction historique. Par lui, elle renaît avec son histoire, ses traditions, ses anecdotes et toute la philosophie des sorgues éternelles où les pêcheurs de truite tutoyaient le Bon Dieu.

Il est vrai qu'ils avaient déjà les papes dans leurs filets depuis que Benoît XIII s'était fait « péter » la soutane en se goinfrant d'écrevisses et de truites offertes par les pêcheurs de l'Isle-sur-la-Sorgue. C'est grâce à ce pape reconnaissant qu'une bulle avait décrété, dès le XIIIe siècle, que seuls les pêcheurs de l'Isle avaient le droit de pêcher entre la source et l'embouchure de la Sorgue. C'était un privilège tellement exorbitant qu'il fallut le faire confirmer plusieurs fois et qu'il excuse un peu l'arrogance orgueilleuse de cette si particulière aristocratie.

Tous les seigneurs jaloux, les recteurs exigeants, les barons avides et les cardinaux trop gourmands qui voulurent modifier ou entraver le privilège de ces hommes de l'eau en furent pour leurs frais et la confusion des excuses.

Pour ma part, je tiens simplement à souligner que la Confrérie des Pêcheurs de l'Isle-sur-la-Sorgue a été rétablie le 23 janvier 1986, après presque un siècle de sommeil. Bien sûr, même lorsqu'elle n'existait plus, malgré un passé de sept siècles de puissance, les pêcheurs étaient toujours là… Et les braconniers donc !

Des as, ces gaillards-là ! Un jour, en présence de René, Zé, Yves et quelques autres amis, je fus épaté par une démonstration du côté de la grande île, proche de Notre-Dame-de-Sorguette. Dans l'eau glacée jusqu'au ventre, l'homme était debout et avançait, mains au-dessus de la tête. Tout d'un coup, il s'était immobilisé en criant :

– J'en ai une… Attendez ! Je la bloque avec mon pied gauche…

Il ne bougea plus et cria encore :

– J'ai sa copine… Sous le pied droit !

Puis il s'était plié en deux dans l'eau pour en ressortir deux truites frétillantes.

La démonstration était éclatante. Cet homme venait d'exécuter une double capture, ce qu'aucun prestidigitateur n'aurait pu se permettre. Il avait dans le sang les gènes de ses ancêtres et pratiquait son art le plus naturellement du monde.

Au-delà du côté illégal de l'action, il fallait bien reconnaître à ce type d'exploit un mérite étonnant. Et c'est pour ces gens-là qu'Yves Michel se prend parfois pour le Bon Dieu !

L'ermite de Sainte-Victoire fut brûlé deux fois

En 1587, la peste ravageait la petite ville de Pertuis où les cloches étaient usées par tous leurs glas successifs. Plusieurs centaines de Pertuisiens avaient rapidement rempli les cimetières et l'on en était à ouvrir des fosses communes dans les champs. Personne n'échappait au fléau : deux consuls étaient déjà morts ! La désolation générale étouffait la ville qui ne croyait plus, au cœur de ses remparts, ceux qui annonçaient la venue du saint ermite de Sainte-Victoire.

Mais un soir, le beffroi sonna différemment. Un peu plus joyeusement qu'un glas, disait-on dans les rues étroites. Quelque chose se passait. Des lavandières furent les premières à l'affirmer. On les crut lorsque les trois consuls le confirmèrent : l'ermite arrivait ! Il était célèbre pour avoir quasiment ressuscité des pestiférés à Aix-en-Provence. Sa gloire était immense. On lui attribuait des miracles et des guérisons par centaines.

On décora donc une porte de la ville pour le recevoir dignement, lui et ses trois compagnons surnommés les « parfumeurs », chargés d'entretenir de grands feux d'herbes odoriférantes pour purifier l'air des rues et des maisons pestiférées.

On était en avril, le printemps s'affirmait, le renouveau allait participer de la fin des épidémies. L'ermite était là. Tous seraient sauvés sans doute…

Vêtu d'un habit rude et grossier ceint d'une grosse corde à laquelle était attaché un crucifix pendant, il marchait tête et pieds nus dans la poussière et les cailloux du chemin. Son maintien était grave et modeste. Quand il arriva à la chapelle des Carmes, sise dans le faubourg proche de la porte regardant la Durance, il s'agenouilla et fit le signe de croix, imité par ses compagnons. Au supérieur du couvent qui l'accueillait, il répondit avec fermeté :

– Avec l'aide du Très Haut, je sauverai ceux qui voudront être sauvés !

Il alla place de l'Église. Montrant la tour du beffroi, il dit qu'il y demeurerait avec ses compagnons après le premier feu purificateur. Un immense brasier fut allumé et, dans le parfum des herbes brûlées, l'ermite parla.

Il dit la colère du ciel. Il savait que Dieu se servait de la peste pour châtier le pays et qu'à la longue liste des punis, d'autres s'ajouteraient en attendant que le courroux du ciel soit apaisé. Il fallait pour l'heure le subir sans murmurer et obéir aux ordres envoyés du ciel !

Dès le lendemain, l'ermite et ses parfumeurs se répandirent dans les maisons des malades, enfumant, priant et ordonnant :

– Lève-toi et marche ! Dieu t'a guéri ! Prie le Seigneur !

En trois semaines, soit par persuasion, soit par ses prières et ses parfums, ou bien encore par quelques décisions prophylactiques, dont le transport hors de la ville de ceux qui étaient trop atteints, la peste régressa, ne s'attaquant plus qu'aux vieillards ou aux enfants trop faibles. On révérait le saint homme, le sauveur, et à chaque occasion la foule lui faisait des cortèges d'ovations, lui baisait les pieds et affichait son portrait, imprimé localement selon l'œuvre d'un artiste du pays. Cette sainte image avait même remplacé celle de saint Roch, le secourable des pestiférés !

Puis, fin juin, la peste réapparut sournoisement, enflant, gonflant et éclatant partout à la fois. L'ermite et ses parfumeurs avaient beau multiplier les incantations et les feux, les Pertuisiens se jetaient à ses genoux en demandant secours. Lui ne cessait de répéter : « Ayez foi en mes paroles. Vous avez vaincu une fois et, avec l'aide de Dieu, vous vaincrez encore ! »

Mais au seul jour de la Saint-Jean, on compta cent victimes nouvelles !

L'ermite fit un grand feu, mais personne ne s'en approcha. On ne le croyait plus… Il s'en alla donc, toujours plein de prières pour les pauvres gens qu'il laissait derrière lui, et disparut dans la montagne de Sainte-Victoire.

On dit que c'est un tisserand qui, le premier, osa dire que l'ermite avait entretenu la peste avec ses feux et sortilèges ! On hocha la tête à l'entour et, à défaut de prier, on parla de plus en plus d'une chose curieuse. Voici trois jours que l'ermite était parti et, depuis, l'épidémie régressait. Les deux faits rapprochés concluaient à la condamnation du « faux ermite », magicien, faiseur de maléfices, imposteur ! Les accusations s'étoffèrent et les consuls suivirent la population en formulant une plainte auprès du parlement d'Aix. L'ermite fut promptement arrêté, jugé et condamné à être brûlé vif sur la place des Prêcheurs, proche du palais comtal de Provence.

Le 23 décembre 1587, il fut conduit au supplice dans un matin froid. Il avait neigé durant toute la nuit et il fallut rajouter du bois sec au bûcher, tandis que le condamné répétait des prières. Un père cordelier lui apporta les derniers secours de la foi et ses dernières paroles furent : « Que Dieu ait ma vie et mon âme. »

Le lendemain, à Pertuis, on fêta la nouvelle. La jeunesse fabriqua un mannequin de l'ermite et, après l'avoir promené en ville, brûla le saint homme une seconde fois.

S.V.P. madame le maire

Culture et patrimoine sont, nous le savons bien, les deux mamelles auxquelles 250 000 visiteurs viennent chaque année s'abreuver dans la cité papale. Cela fait beaucoup de monde.

On a les « Tours Eiffel » qu'on peut. Celles d'Avignon valent bien celle de Gustave. J'y vois deux conséquences émergeant nettement. D'abord le pont bien sûr, puis le palais des papes. Je ne sais plus si c'est Sylvain Gagnières ou Jean Yvan qui, un jour, me dit en plaisantant qu'il fallait désormais songer à l'agrandir pour recevoir la grande foule dans des conditions plus confortables lors des visites de groupe... La saillie eut du succès, car le débat s'installa dans notre compagnie, où chacun s'évertua à définir le matériau le plus adapté à cette extension.

L'unanimité se fit sur des éléments préfabriqués démontables plutôt que sur le béton brut de décoffrage. Sur notre lancée, nous avions aussi tracé quelques plans pour prolonger le pont Saint-Benezet. Et puis il y eut quelqu'un pour émettre l'hypothèse que tous ces monuments, mais aussi les musées, devraient s'ouvrir gratis à la population. L'idée me plut alors, ce qui me la fait évoquer aujourd'hui.

Culture et patrimoine pour les Avignonnais, et ce gratuitement. Rêve ou possibilité ?

Combien de Parisiens sont allés visiter la grande tour avant que ne viennent en balade les cousins de province ? Cela se passe de même pour les Avignonnais et leurs monuments locaux. Se pourrait-il que la découverte ou la redécouverte des trésors de la cité des papes se fasse « à l'œil » pour les résidents permanents ? L'entrée gratuite dans les musées et monuments en saison basse animerait peut-être davantage ces derniers. Qui a visité le musée lapidaire en plein hiver me comprendra sans peine ! C'est d'un triste, ces salles désertes où les gardiens s'ennuient en tapant la semelle ! Quant au pont où l'on danse, les jours de grand mistral ne voient pas de *charters* venir user ses pierres…

Et si c'était gratuit ? Y aurait-il plus de monde ? Je pose la question à madame le maire. Et puis, en post-scriptum, j'ajoute : « Pourquoi pas ? »

Admettons que des raisons impérieuses ou financières empêchent la gratuité à plein-temps, rien n'interdit de rêver à des gratuités périodiques en basse saison. J'ai cru comprendre que Marie-José Roig aimerait que tout ce qui est culturel soit gratuit. Elle m'a dit « s'éclater » depuis qu'elle a la responsabilité culturelle de sa cité, et je sais que c'est vrai parce qu'elle aime ça. L'exemple du musée de monsieur Vouland, dont la visite est gratuite, rue Victor-Hugo, donne un peu à penser. J'adore ce musée et je peux affirmer qu'on le visite régulièrement sans prétexte particulier du style : « Il pleuvait, alors je suis entré ! », ou bien « Ici au moins, c'est bien chauffé l'hiver et c'est frais l'été ! » Si ça marche pour ce musée-là, cela devrait marcher pour tous les autres. Culturellement parlant, ce serait bon pour l'image de marque de la ville.

Si j'ai « confidencé » quelque peu auprès de vous, il me faut à présent en donner la raison. Hier, j'ai revu la scène où, voici bien longtemps, papet m'avait montré la demeure des papes. Mais il fallait payer et c'était cher pour lui. Alors il m'en a parlé, me le faisant visiter à sa façon, en inventant des salles du trône, des trésors enfouis, des papes couverts d'or… Il m'avait fait rêver et moi, lorsqu'il disait « palais », je comprenais « pas laid »… J'étais tout minot et je me souviens bien lui avoir dit au bout d'un moment :

– Mais, papet, où c'est qu'il est le joli ?

Les étranges pierres de Suze-la-Rousse

Les seigneurs de Suze avaient une devise qui ravissait Catherine de Médicis: « À la fin, tout s'use »... On pourra la lire sur les armoiries restaurées au château de Suze-la-Rousse, devenu la première Université du Vin européenne. La visite vaut la peine et je vous la conseille, parce que ce château est étonnant à plus d'un titre. On ne peut se contenter d'en voir l'extérieur développant l'image d'une forteresse médiévale. Il faut y pénétrer et découvrir la fastueuse cour d'honneur et l'admirable agencement des façades. Un joyau d'architecture, admirablement restauré par les Compagnons.

Ce château aurait pu, comme tant d'autres, devenir un musée de pierre ordinaire. Les visiteurs s'y seraient succédé sous la conduite d'un guide et auraient badé devant tel ou tel chef-d'œuvre présenté. Par chance, il est devenu utile pour le plaisir des yeux, mais aussi du goût. Dans leur grande sagesse, les vignerons ont créé dans ce château l'Université du Vin.

Il y a des laboratoires, des salles de dégustation qui servent de référence au monde entier par leur conception originale et pratique. Les dégustateurs peuvent s'isoler entièrement pour ne pas être influencés par leurs voisins. La salle est climatisée, ozonisée, pour qu'aucun parfum chimique ne vienne troubler le bouquet du nectar tasté.

De plus, cette salle est l'ancienne chapelle du château et rappelle fort à propos que le miracle de Cana, où Jésus changea l'eau en vin, ne compte pas pour rien dans la méditation évangélique. Dans les salles discrètes du château de Suze-la-Rousse, les taste-vin et les œnologues constituent le gratin savantasse des Côtes-du-Rhône. À ce titre, l'enseignement du tastage est recherché. Très régulièrement, des sessions spécialisées sont organisées pour les amateurs et professionnels en recyclage. Le maître es relations publiques, le souriant Jacques Avril, accueille les groupes de visiteurs et stagiaires et fait visiter « son » château avec une gourmandise très attractive, doublée d'un sérieux informatif riche de connaissances.

Mais le sérieux n'exclut pas l'humour. Il vous montrera à l'occasion certaines « pierres de fermentation » récoltées dans les vignes du Tricastin et des Côtes-du-Rhône par de jeunes stagiaires venus en vélo passer une semaine œnologique. Jacques Avril et ses comparses scientifiques firent l'éducation des vélocipédiques et, surtout, leur apprirent à quoi tenaient les différences entre les vins.

Le terroir, on le sait, est le facteur déterminant des bouquets et des robes. Mais ce que les jeunes gens ne savaient pas, c'est que pour affermir les différences, il était indispensable de placer dans les cuves des pierres du terroir favorisant la fermentation.

Selon les explications de Jacques Avril, ces pierres devaient peser idéalement 800 grammes chacune. Il fallait les récolter au pied des souches des vignes appropriées, moyennant quoi la qualité optimale des vins serait obtenue.

D'ailleurs, pour parfaire l'éducation des stagiaires, des travaux pratiques étaient prévus. C'est ainsi que chaque jour, à l'heure où le soleil chauffe le plus, c'est-à-dire à l'instant où les pierres de fermentation sont à l'apogée de leur qualité, on vit sur les routes des villages à vin tricastinois, des pédaleurs œnologues suant sang et eau, chargés de musettes de cailloux rapportés à l'Université pour testage scientifique. Certains d'entre eux établirent même un rapport de stage sur cette dionysiaque recherche si utile à la qualité et à la renommée des vins des Côtes-du-Rhône.

Que Jacques Avril veuille bien me pardonner d'avoir révélé cette farce… mais elle allait bien au gibier qu'il avait levé.

Les boucles rouges d'Annabella

C'était pendant la guerre. Pas loin de chez moi, il y avait des réfugiés. Un couple de juifs qui fuyaient la persécution. Moi, je ne savais pas trop ce que c'étaient les juifs, les races et toutes ces choses qui ne concernaient que les grands. C'est que j'étais bien minot à l'époque. Mais ces gens-là, à côté, je savais qu'ils étaient pauvres et que leur petite fille était bien jolie. Elle avait des cheveux frisés, presque rouges, et des grands yeux verts.

Je l'aimais bien ma copine... Parce que c'était ma copine ! On s'inventait des jeux, mais jamais loin de sa maison parce que ses parents, ils n'aimaient pas voir Annabella trop loin de chez eux. Car elle s'appelait Annabella et ce nom lui allait bien. Elle était rigolote. Tout l'été 1941, qu'est-ce qu'on s'est amusés ! Et puis on était entrés à l'école ensemble le 1er octobre... Parce qu'il fallait apprendre à lire. Ça ne nous intéressait pas trop, mais le jeudi, on allait goûter ensemble sous les pins de la colline. C'était le temps des restrictions. Mais on avait toujours du pain et, quelquefois, un peu de raisiné, de la confiture faite avec des raisins. En novembre, la maîtresse nous avait lu une histoire où l'on parlait d'oranges. Nous, on ne savait pas ce que c'était... Et ces pommes dorées, presque rouges et éclatantes comme un soleil couchant, ça nous avait fait rêver. Surtout ma copine. Qu'est-ce qu'elle était belle quand elle pensait aux oranges ! Ces fruits, on en avait vu des images. C'était comme on le dit maintenant une « fixation » pour son esprit. Tellement même que lorsqu'elle est tombée malade, en décembre, et qu'elle avait une fièvre terrible, elle ne parlait que des oranges dans son délire. Et ça me faisait peur de la voir si malade... Et toujours elle parlait des oranges... Même lorsque ses yeux étaient fermés. Même lorsqu'ils étaient grands ouverts et qu'ils ne voyaient pas quand même.

Un jour, sa maman me dit que, d'après le médecin, c'était très grave. Et puis j'ai su qu'elle ne verrait pas le Noël 1941... Elle était condamnée. Elle allait mourir ma copine Annabella qui parlait toujours des oranges... Et elle serait morte avant d'en avoir vu ! Alors, moi, je me suis mis en tête de lui en offrir une. Mais c'était la guerre et les privations. Ça faisait bien longtemps que les oranges, on ne savait plus ce que c'était... Même les grands le disaient.

Pourtant, le soir du 24 décembre, un homme a frappé à la porte de mes parents en disant qu'il voulait voir le petit garçon qui cherchait partout une orange pour sa petite copine juive. Mes parents étaient très inquiets. À cette époque, une visite nocturne était toujours inquiétante. Surtout que l'homme était drôlement habillé. Enfin il paraît... C'est ce que l'on m'a dit. Parce que moi je ne voyais que l'orange qu'il tenait à la main. Et il m'a dit : « Tiens, c'est pour Annabella... Dépêche-toi de la lui apporter. »

Il a placé l'orange dans un petit sac, comme un sac de cadeau. Je crois que je ne lui ai même pas dit merci... J'ai saisi le sac et suis parti en courant chez ma copine. Mais je n'ai même pas pu la voir... J'ai donné le paquet à sa mère.

Le lendemain, c'était le jour de Noël 1941. Il y avait de la neige lorsque l'on enterrait Annabella. Je ne suis plus jamais allé jouer avec elle. Je ne suis plus jamais allé à sa maison. Quelques mois après, ses parents étaient déportés.

J'ai grandi. Cinq ans plus tard, il est arrivé un petit colis à la mairie. Une lettre l'accompagnait, expliquant que c'étaient les objets personnels d'un couple disparu en déportation. La mairie était invitée à les transmettre aux éventuels héritiers. Parmi quelques papiers et photos, il y avait un petit sac plein de boucles rouges. Sur le sac, il y avait une étiquette : « À conserver pour l'ami d'Annabella. »

J'ai reconnu le sac. C'était celui où l'homme étrange avait placé l'orange le soir de 24 décembre 1941. Ses parents avaient coupé quelques boucles des cheveux de ma copine pour me les donner plus tard. Ils n'en eurent pas le temps. J'étais ému que c'en n'était pas possible de l'être plus ! Tout me revenait en mémoire. Les jeux, les goûters au raisiné, les oranges tellement désirées... La venue de l'homme étrange... J'avais une grosse boule dans la gorge. Pourtant, en triturant le petit sac aux cheveux roux, je me suis apaisé. Et j'ai mieux regardé... Il y avait sur le sac quelque chose que je n'avais alors pu lire... Parce qu'au Noël 1941, je ne sais pas encore lire... Sur le sac cadeau, je pouvais lire désormais : « Noël, père et fils, spécialiste de tous cadeaux et souvenirs. »

Chez les orphelins de Naples

Il y a des orphelinats partout dans nos pays développés, mais il est très rare, dans une vie bien rangée de citoyen moyen, d'aller vivre quelques jours dans un orphelinat lorsque l'on est adulte…

Je n'avais jamais vu d'orphelinat. Ce fut à Naples, voici quelques années, qu'un voyage d'étude me conduisit à en découvrir un, grâce au pasteur Mazel, qui était alors président de l'Association vaudoise du Luberon. Notre groupe était parti sur les chemins de la diaspora vaudoise provençale jusqu'au sud italien, dans les Pouilles, entre Naples et Bari, où des colonies d'émigrés échappant aux massacres catholiques avaient pris racine au XVIe siècle.

Lorsqu'un pasteur se mêle d'organiser un voyage, c'est en général avec un soin particulier pour que chacun en garde un vif souvenir, et pas seulement touristique et historique. Notre pasteur et son petit troupeau de vaudois et apparentés visitèrent donc bon nombre de hauts lieux où la trace des émigrés chassés de France et du nord de l'Italie se retrouvait marquée jusque dans le moindre village.

Nous étions basés à Naples, dans un orphelinat situé entre le palais royal et Pompéi, avec vue sur le golfe d'un côté et sur le Vésuve de l'autre. Une centaine d'orphelins étaient nos compagnons et nous vivions selon leurs horaires, mangeant le même menu, couchant dans les mêmes lits étroits, mais dans des chambres individuelles. On parlait italien et français, et les enfants nous donnaient la main par besoin d'affection.

J'avoue avoir été plus bouleversé par cette expérience qu'en visitant les lieux historiques ou les étapes de la diaspora vaudoise. Le dénuement de cet orphelinat était évident. Dans un sud italien pauvre, un orphelin est plus pauvre qu'ailleurs et un orphelinat a besoin de miracles pour survivre. Nous étions un peu ce miracle, par notre apport d'argent frais comme pensionnaires, par nos dons de linge divers et plus tard par nos chèques annuels.

Nous y sommes restés cinq jours avant de poursuivre notre itinéraire historique et, après bien des années, aucun de nous n'a oublié. Notre dernier souper, dans la salle voûtée à la romaine en sous-sol de l'ancien palais aristocratique, nous fit apprécier davantage la soupe de légumes et la *pasta napolitana*, et même la pomme trop verte au dessert. Bien sûr, nous trinquions à l'eau à la santé des minots !

Ceux-ci, leur repas terminé, et avant d'aller au lit très tôt, nous chantèrent une chanson d'amitié avant l'ultime *arrivedeci*. Nous étions là, émus, en compagnie des responsables et des professeurs de l'orphelinat, ne sachant trop quoi faire. Ce dernier soir, je sentis qu'il fallait pourtant dire quelque chose et proposai une histoire. Le pasteur m'accorda la parole, sachant d'intuition que je n'allais pas dire n'importe quoi. La soirée était trop émouvante. Cette histoire, je ne l'avais jamais racontée. J'avais même l'impression de la découvrir alors qu'elle m'arrivait spontanément sur les lèvres.

C'était en 1957, après les grands froids qui ravagèrent les oliviers de Provence. Les arbres étaient arrachés pour la plupart car tout espoir de survie était perdu pour eux. L'huile d'olive se vendait peu, autant valait-il micux libércr du tcrrain pour planter des vignes. On arrachait donc et l'on se chauffait au bois d'olivier dans les campagnes provençales. Tout y passait, depuis les branches jusqu'aux racines compactes des arbres tués par le froid.

Les sculpteurs et tourneurs sur bois d'olivier avaient des provisions pour des années, et c'est de cette époque que vient la mode des saladiers, couverts, crucifix, bols et multiples autres objets taillés ou sculptés dans le bois et les racines d'olivier. Un de ces artistes eut envie de sculpter un visage de Christ en souffrance sur une superbe pièce de bois tirée d'un tronc multiséculaire. Il se mit au travail dans son atelier et, ciseau affûté, gouges et bédanes volèrent allégrement sur le bois inerte.

Le visage du Christ apparaissait lentement sous les copeaux de l'artiste, mais il y avait toujours un détail qui déplaisait dans ce visage souffrant. Des corrections, des reprises de ligne, des affinages de bosses. Rien n'y faisait. Le Christ que l'homme imaginait ne correspondait pas à sa sculpture. L'artiste, d'abord navré puis sérieusement désespéré au vu de son manque de talent, abandonna son œuvre et se remit aux saladiers commerciaux. La tête, inachevée dans un coin d'atelier, semblait quotidiennement lui adresser des reproches. Cela le mina au point de décider d'enterrer cette sculpture ratée dans un jardin voisin, où il l'oublia.

Ce n'est qu'en 1959 qu'apparaîtra un petit olivier poussé à partir de la racine enterrée deux ans plus tôt. Passé la surprise, l'homme soigna particulièrement le jeune olivier, qui ne demandait que ça. Trente ans plus tard, l'arbre donne plus de cent kilos d'olives à lui tout seul !

On a bien raison de dire que l'olivier est éternel et qu'il est arbre d'espoir et d'avenir. C'est pour cela qu'il fut choisi pour symboliser la paix. Avec lui, c'est comme pour un enfant, on s'en occupe, on le soigne, on l'aide, on l'éduque sans jamais désespérer.

Il paraît qu'à présent on raconte cette histoire en italien dans un orphelinat de Naples.

Le trac magique de Guy Bonnet, chanteur provençal

Mon cher Guy, tu es à présent ressourcé dans ton pays et je sais que tu as repris confiance au contact des racines, certain soir de Saint-Jean voici un quart de siècle. Je peux témoigner que je t'ai vu en proie à la panique magique venue des temps lointains où la flûte de Pan ensorcelait les hommes.

Tu es cigale provençale exilée trop souvent dans les brumes du Nord et tu reviens sous ton soleil natal pour enchanter nos cœurs. Ta langue, notre langue, plaquée sur des accords qui sont au goût du jour, rassérène les hommes et fait briller les yeux. Je l'ai vu, pour la Saint-Jean, sur la place de Sorgues où tu voulais chanter pour ton premier gala.

Je t'écris aujourd'hui cette lettre amicale parce que dans la nuit du solstice d'été, je n'ai pu t'expliquer avant ton tour de chant l'étrange événement auquel tu étais mêlé. Ce soir-là, souviens-toi, j'étais très à mon aise, impatient d'expliquer à la foule assemblée ce qu'un feu de Saint-Jean représente pour l'homme. J'avais choisi la forme la plus incantatoire pour parler au public de cette tradition. J'ai crié dans la nuit le mythe séculaire du soleil rallumé dans cette nuit si courte. J'ai dit au peuple avide de son histoire ancienne ce qu'était cette flamme venue du Canigou. J'ai joué au sorcier avec la tradition et dit l'essentiel sur le feu symbolique. J'étais, si tu permets que je te le confie, exactement en phase avec le rite magique.

Tu souffrais ce soir-là comme un enfant à naître. En fait, tu renaissais dans ton pays natal, car ce soir-là, ami, tu chantais en Provence pour ton premier gala d'un été de jouvence. Tu ne le savais pas, mais pareil aux enfants des peuplades antiques, tu subissais le trac de l'initiation toujours renouvelée. Et tu te demandais comment il se faisait que Sorgues ait pris le pas sur les autres cités pour fêter la Saint-Jean comme une ville-phare.

Si je t'avais tout dit au sujet de la fête et de ce lieu magique où elle était fixée, je crois que tu n'aurais pu chanter pour cette foule. Je sais tes goûts profonds pour ce qui est caché, et ce soir-là, vois-tu, tu étais prisonnier d'une initiation totalement secrète. Je savais que l'endroit que tu avais choisi pour détendre ton corps dans l'ombre des coulisses était un cercle d'or pour les ésotériques. J'ai fait ce que j'ai pu pour t'aider au passage. J'ai massé de mes mains le point d'inhibition et j'ai prié pour toi les forces telluriques.

Quand tu fus libéré de tes chaînes secrètes, je t'ai vu radieux mais un peu contracté. Je sais, mon ami Guy, que la soirée fut rude pour ton astral ardent. Mais sache à présent que cette Saint-Jean, où les initiés voient un Noël d'été, l'éternel renouveau du dieu Soleil païen, les mythes religieux de rites oubliés, ne fut pas innocente en terre provençale. Sans savoir que leur nombre est un chiffre chargé de signification, ils furent sept Sorguais à relancer le feu du solstice d'été. Et sans savoir non plus que leur incantation réveillait les mânes des esprits enfouis, ils choisirent le lieu le plus ésotérique.

Car vois-tu, Guy Bonnet, l'urbaniste architecte qui dessina la place de la mairie de Sorgues était initié aux choses du passé. Le grand triangle d'or du pays de Sorgiak, quarantième seigneur des Ligures anciens, guida sa conception du forum de la ville.

Si tu ne me crois pas, va revoir cet endroit et tu constateras que chaque angle magique est celui d'un triangle parfaitement connu. Et que l'hôtel de ville est cœur géométrique de ce triangle-là. Et que ta chaise, dans la coulisse-cave, était cette nuit-là très exactement située au point central des forces inconnues, convergentes et têtues.

Cette nuit de Saint-Jean marquera ta mémoire d'un rayon de soleil étrangement magique. C'est tout ce que je voulais que tu saches, et dire davantage alourdirait ta tâche puisque dorénavant tu es initié en étant de ton lieu, mais aussi de ton temps.

Des traces de Sade dans la main de Dieu

D'après les habitants de Mazan, en Vaucluse (je précise car il y en a d'autres notamment en Ardèche), c'est dans leur village que se serait déroulé le premier festival provençal en plein air au XVIIIe siècle. Sont donc largement devancés pour la préséance l'ensemble des festivals contemporains, y compris les chorégies d'Orange qui ont pourtant un bel âge !

On aurait joué dans le parc du château des pièces écrites par le seigneur local, lequel était Alphonse, Donatien, marquis de Sade, rejeton d'une illustre famille très à l'aise dans ses domaines provençaux. Mais on n'est pas très sûr de ce festival-là. En revanche, on est certain que c'est pour économiser un mur de clôture au cimetière que l'on a aligné 64 sarcophages mérovingiens.

On ne sait pas trop non plus si ces sarcophages furent sculptés pour abriter de la fureur des loups les dépouilles des habitants. Mais on est sûr que si on a construit la chapelle de Notre-Dame de Pareloup, c'est qu'il y avait bien des loups dans le pays.

Les vieux disent : « On ne sait pas si le *Carri* ressortira plus tôt que prévu. Normalement, il ne s'organise qu'une fois par génération. » Le *Carri*, c'est le char, le carrosse, dont on fait remonter la tradition à 1725. C'était un faux carnaval, puisque fixé au 1er mai. On s'y moquait des consuls, de l'autorité en général et en particulier.

J'ai vu le cortège de 1981 et je n'étais pas seul pour admirer la reconstitution autour du roi des escargots. Il y avait 15 000 spectateurs pour suivre un défilé haut en couleur. Un tel succès implique qu'on réfléchisse à des rééditions plus rapides que prévues. Mais on ne sait pas si la tradition pourra digérer les impératifs touristiques.

En revanche, on sait bien que la flèche du clocher avec ses 38 mètres, ou le musée municipal avec ses rares richesses, les chapelles, dont celle de la Vierge noire, continueront à attirer les touristes. Sans oublier que l'ombre des platanes est bien agréable, tout comme elle l'était pour les travailleurs d'avant 1914 qui se réunissait sous les arcades du marché aux hommes. Car à Mazan, les travailleurs de la terre s'offraient aux employeurs en un leu déterminé, sous les arcades de l'ancienne mairie. Au lever du soleil, chaque jour, les hommes se vendaient. Vendaient leur sueur et leurs efforts. L'endroit est unique.

Sont aussi uniques les personnalités issues du village : un troubadour, Bertrand Demarius ; un sculpteur, Jacques Bernus ; un peintre de Louis XIV, Alexis Peyrotte ; un précepteur qui éduqua les enfants de Napoléon III, Désiré Blanchet.

Il ne manque qu'un raton laveur… Quoiqu'un ancien maire, Léonce Barras, ait assez bien symbolisé cet animal par sa vivacité, sa pugnacité, son entrain de tribun, sa gentillesse et sa fidélité aux idéaux républicains des hussards noirs de la laïque.

J'aimais bien Léonce. Un sacré notable de ce village. Il n'avait rien de la préciosité du XVIIIe siècle. Lui qui vivait dans un lieu où l'on trouve la fontaine du rossignol aurait été ravi de faire le procureur contre le divin marquis, pour le simple plaisir de donner quelques coups de gueule. Ce très fameux marquis de Sade, dont les fantasmes érotico-littéraires étaient aiguisés par l'emprisonnement, n'en fut pas moins un auteur de théâtre.

J'ai vu jouer une de ses pièces, *Oxtiern*, voici plus de quarante ans, sur les terrasses du château de Lacoste, autre fief en Luberon. Mais ce n'est pas le théâtre, assorti de festival ou non, qui rendit célèbre le divin marquis, comme le savent tous les psychiatres depuis que Freud inventa le sadisme. Il n'empêche que son surnom de « divin » a peut-être Mazan pour origine. Les armes de la ville comportent un champ d'azur surmonté d'une lune et d'un soleil avec pour devise : « Tout est dans la main de Dieu ».

Y compris les traces de Sade.

Table des matières

Achevé d'imprimer
sur les presses de :

HORIZON
GROUPE

13420 Gémenos

pour le compte des éditions

Autres Temps

Parc d'activités de la Plaine de Jouques
200, avenue de Coulins
13420 Gémenos

Dépôt légal : novembre 2004
ISBN : 2-84521-192-9
ISSN : 1150-1405

N° d'imprimeur : 0410-109